MW00588404

Su
mejor vida
COMIENZA CADA MAÑANA

Su
mejor vida
COMIENZA CADA MAÑANA

JOEL OSTEEN

NEW YORK | BOSTON | NASHVILLE

Impreso en los Estados Unidos de América

LSC-C

Primera edición: Noviembre 2015

10 9 8 7 6 5 4

FaithWords es una división de Hachette
Book Group, Inc. El nombre y el logotipo
de FaithWords son una marca registrada
de Hachette Book Group, Inc.

International Standard Book
Number: 978-1-4555-6286-2

"Por la mañana, Señor, escuchas mi clamor; por la mañana te presento mis ruegos, y quedo a la espera de tu respuesta".
SALMO 5:3

Introducción

LA CLAVE PARA VIVIR SU mejor vida comienza con la forma en que usted aborda cada nuevo día, porque hoy es el único día que tiene. No podemos cambiar el pasado, y no sabemos qué nos depara el futuro. Pero cuando nos despertamos en la mañana, podemos preparar nuestra mente para hacer lo mejor que podamos para disfrutar nuestro día. No permitamos que lo que nos ocurra, o no nos ocurra, nos robe el gozo y la vida abundante que Dios nos da.

No debemos iniciar el día sintiéndonos culpables del ayer o recordando todos los errores cometidos. En vez de eso, cuando cometamos errores, pidamos perdón a Dios y pasemos la página, con la confianza de que Él nos perdona en el instante en que se lo pedimos. Estamos preparados para vivir un gran presente y un futuro brillante.

Levántese cada día y reciba el amor y la misericordia de Dios y el poder de su Palabra en su vida. Comience el día con Dios, diciendo: "Padre, te agradezco porque este será un día grandioso. Te agradezco porque tengo disciplina, autocontrol y porque tomo decisiones correctas. Quizás no hice todo lo que debía haber hecho ayer, pero ya ese día pasó. Hoy me levantaré y lo haré mejor".

Estas devociones fueron escritas para inspirar un amor y adoración ardiente hacia Dios. Aunque no fueron hechas para remplazar su tiempo con Dios, me gustaría que las lecturas fueran llaves que usted pueda usar para abrir puertas que lo lleven a una vida más plena. Espero que sean un trampolín que lo ayude a acercarse a Dios y a superar los obstáculos que puedan impedirle vivir su mejor vida, ahora.

Su vida puede transformarse y renovarse, al permitir que la Palabra de Dios refresque y dé nueva forma a sus pensamientos, palabras y actividades diarias. Permita que las Escrituras le hablen. Permanezca tranquilo y escuche lo que Dios le está diciendo. No importa donde esté ni los retos que enfrente, ¡usted puede comenzar a disfrutar su vida en este momento!

Su
mejor vida
COMIENZA CADA
MAÑANA

*"¡Voy a hacer algo nuevo!
Ya está sucediendo, ¿no se
dan cuenta? Estoy abriendo
un camino en el desierto, y
ríos en lugares desolados".*

ISAÍAS 43:19

Desempaque sus *sueños*

¿QUÉ QUIERE HACER CON SU vida?
Si en este momento usted pudiera escribir la mejor historia para su vida, ¿qué
diría? ¿Es su primera reacción verse y
describirse en base a sus experiencias pasadas o sus limitaciones presentes, más en
una posición de desventaja o de supervivencia, en vez de cumplir sus sueños?

Si usted ha empacado sus sueños,
atrévase a desempolvarlos hoy y pedirle
a Dios que los revitalice en su mente y
su corazón. Es el momento de *ampliar su
visión*. Él desea derramar sobre usted su
protección, la incomparable riqueza de
su gracia (ver Efesios 2:7). Él desea hacer
cosas grandes y nuevas en su vida.

Servimos a un Dios *grandioso*

> *"Porque yo sé muy bien los planes que tengo para ustedes —afirma el Señor—, planes de bienestar y no de calamidad, a fin de darles un futuro y una esperanza".*
> JEREMÍAS 29:11

PUEDE QUE USTED HAYA atravesado adversidades o pruebas en el pasado. Quizás haya tenido demasiados reveces y desilusiones. Pero hoy es un día totalmente nuevo. Es hora de estirar la fe y perseguir la excelencia que Dios ha puesto en nuestros corazones. Es el momento de abandonar la mentalidad de "supervivencia" y convertirnos en nuestra mejor versión—no simplemente alguien promedio o común—por el resto de nuestras vidas.

Servimos al Dios Altísimo y su sueño para nuestras vidas es mucho más grande y mejor de lo que podamos imaginar. No se conforme con una visión reducida de Dios. Comience a pensar como Dios piensa. Piense en grande. Piense en crecimiento. Piense en abundancia. ¡Piense en mucho más!

"¿Qué diremos frente a esto? Si Dios está de nuestra parte, ¿quién puede estar en contra nuestra? El que no escatimó ni a su propio Hijo, sino que lo entregó por todos nosotros, ¿cómo no habrá de darnos generosamente, junto con Él, todas las cosas?".
ROMANOS 8:31-32

Dios está de su lado

DIOS INTENTA CONSTANTEMENTE plantar nuevas semillas en nuestros corazones. Él trata de llenarnos de esperanza y grandes expectativas para que la semilla crezca y traiga una enorme cosecha.

Nunca permita que los pensamientos negativos lo alejen de lo mejor que Dios puede ofrecer. Si usted llega a un acuerdo con Dios, ese podría ser el mejor momento de su vida. Con Dios de nuestro lado, no existen posibilidades de perder. Él puede abrir un camino donde parezca no existir ninguno. Él puede abrir puertas que nadie puede cerrar. Él puede ponernos en el lugar correcto, en el momento correcto. Él puede hacer nuestros sueños realidad de forma sobrenatural.

Expanda
su fe

"De hecho, en el evangelio se revela la justicia que proviene de Dios, la cual es por fe de principio a fin, tal como está escrito: El justo vivirá por la fe".
ROMANOS 1:17

QUIZÁS TENGAMOS LA META DE romper un mal hábito, de perder un poco de peso o de pagar nuestras tarjetas de crédito. ¡Al principio estamos muy motivados y vamos a por ello! Pero con el tiempo, nos volvemos perezosos y complacientes. Quizás vemos alguna mejora, y nos sentimos cómodos donde estamos. *Donde estamos* puede no ser un mal lugar, pero sabemos que no es el sitio donde se supone que estemos. No estamos expandiendo nuestra fe.

Quizás usted ha estado en un punto muerto últimamente, pensando que ya ha alcanzado sus límites. Usted no está expandiendo su fe. No está creyendo que puede ocurrir un agrandamiento. No, no se detenga a mitad del camino; llegue hasta la cima de la montaña. Crea que Dios puede hacer más.

"Por la fe Abraham, cuando fue llamado para ir a un lugar que más tarde recibiría como herencia, obedeció y salió sin saber a dónde iba".
HEBREOS 11:8

Salga de su zona de *comodidad*

LA GENTE QUE LOGRA HACER realidad sus sueños es aquella que cuenta con algún grado de determinación, de fortaleza; es gente que se rehúsa a conformarse con algo menos de lo que desea. Abraham, uno de los héroes de la fe del Antiguo Testamento; obedeció a Dios y lo siguió todo el camino hasta la Tierra Prometida de abundancia, en Canaán. No obstante, el padre de Abraham se detuvo en el camino y se asentó en Jarán (ver Gn. 11:31) pensando que ese lugar era bastante bueno, pero perdiéndose lo mejor de Dios.

No caiga en la trampa de la complacencia. No toma mayor esfuerzo permanecer llenos de fe que desarrollar una actitud negativa. Atrévase hoy a salir de su zona de comodidad. Dios tiene mucho más para usted. Siga en la búsqueda y siga creyendo.

No se detenga ahora

"Téraj salió de Ur de los caldeos rumbo a Canaán. Se fue con su hijo Abram, su nieto Lot y su nuera Saray, la esposa de Abram. Sin embargo, al llegar a la ciudad de Jarán, se quedaron a vivir en aquel lugar".

GÉNESIS 11:31

¿POR QUÉ TÉRAJ SE DETUVO ALLÍ? Sin duda era difícil viajar con ganado, rebaños, los miembros de su familia y todas sus posesiones, hace cuatrocientos años. Finalmente, Téraj dijo: "No puedo seguir. Sé que esta no es la Tierra Prometida, pero quedémonos aquí; está bastante bien".

Quizás, como el padre de Abraham, usted se ha quedado a mitad de camino y se ha sentido cómodo donde está. Lo reto a levantar sus estacas, empacar sus tiendas, tomar sus posesiones y comenzar a avanzar. Fuimos hechos para mucho más que aquello que es suficiente. ¡Amplíe su visión! Quizás se atrasó un poco, pero no se preocupe. Puede comenzar de nuevo esta misma mañana.

*"Cobren ánimo y ármense
de valor, todos los que
en el Señor esperan".*
SALMO 31:24

Expanda sus horizontes

QUIZÁS HAYAMOS COMENZADO con el corazón lleno de grandes sueños: de ser excelentes en nuestras carreras, como padres y en nuestro caminar con Dios. Y comenzamos, pero cuando las cosas se ponen difíciles y no alcanzamos las metas tan rápido como pensamos, nos desanimamos y empezamos a darnos por vencidos.

Mírese al espejo y diga: "No me conformaré con la mediocridad. Puede que las cosas no me estén saliendo bien en este momento, pero confiaré en que Dios me ayudará a expandir mis horizontes y a seguir creyendo en todo lo que tiene para mí. Céntrese en su meta, prepare su camino y mantenga la actitud. *Alcanzaré mi potencial pleno en Dios. ¡Comenzaré a vivir mi mejor vida ahora!*

Encuentre una *nueva* visión

"¿Es que tienen ojos, pero no ven, y oídos, pero no oyen? ¿Acaso no recuerdan?".
MARCOS 8:18

¿CÓMO ESTÁ SU VISIÓN ESPIRITUAL esta mañana? ¿Está solo enfocado en sus problemas, en lo que no puede hacer ni tener? La barrera es mental. Lo que nos limita no es que Dios no tenga recursos, ni que carezcamos de talento. Es el enfocarnos en las cosas incorrectas.

La visión de quienes somos y de lo que podemos llegar a ser ejerce una influencia enorme en muestras vidas. Necesitamos comenzar a dejar que Dios use nuestra imaginación para construirnos, para ayudarnos a lograr nuestros sueños. En otras palabras, debemos mantener frente a nosotros las cosas que deseamos que ocurran. Saquemos la brocha de fe, de la esperanza y la expectativa y comencemos a pintar un futuro brillante en el lienzo de nuestros corazones.

Visualícese surgiendo

"El ojo es la lámpara del cuerpo. Por tanto, si tu visión es clara, todo tu ser disfrutará de la luz. Pero si tu visión está nublada, todo tu ser estará en oscuridad. Si la luz que hay en ti es oscuridad, ¡qué densa será esa oscuridad!".

MATEO 6:22–23

CADA UNO DE NOSOTROS TIENE una imagen de sí mismo en su cabeza. Esa "imagen propia" es como el termostato de un aire acondicionado; es decir, fija el estándar en el cual funcionaremos. Nunca subiremos por encima de la imagen que tenemos de nosotros mismos, y jamás lograremos cosas que no hayamos visualizado primero.

Si pudiéramos aprender a mirar la vida a través de los ojos de la fe y vernos alcanzando niveles superiores, logrando nuestros sueños, recibiendo más, dando más, amando más, disfrutando la vida, viendo a nuestra familia sirviendo a Dios, experimentaríamos más bendiciones y protección de parte de Dios.

Céntrese en *sus* metas

"Ustedes, los que van tras la justicia y buscan al Señor, ¡escúchenme! Miren la roca de la que fueron tallados, la cantera de la que fueron extraídos".
ISAÍAS 51:1

*N*OSOTROS SOLEMOS REPRODUCIR lo que tenemos constantemente frente a nosotros. Si enfocamos nuestra mente en una imagen de éxito, avanzaremos hacia el éxito; pero si nos vemos a nosotros mismos como estancados, nuestro matrimonio empeorará, nuestra salud se verá afectada, y es muy probable que nuestra vida gravite hacia situaciones negativas.

Su visión, lo que usted ve, tiene una enorme influencia en su vida. Debemos dejar de permitir que nuestra imaginación nos derrote. Es mejor dejar que Dios utilice nuestra imaginación para edificarnos. En otras palabras, mantenga frente a usted las metas que quiere hacer realidad. Esa imagen fijará los límites de su vida.

"Luego el Señor lo llevó afuera y le dijo: 'Mira hacia el cielo y cuenta las estrellas, a ver si puedes. ¡Así de numerosa será tu descendencia!'".

GÉNESIS 15:5

Los ojos de la *fe*

¿POR QUÉ DIOS LE DIJO A ABRAHAM que saliera y viera las estrellas después de prometerle que sería padre de muchas naciones? Porque Dios sabía que Abraham necesitaba tener una imagen de eso en su mente. Abraham y Sara eran ancianos y no tenían hijos y, desde el punto de vista físico, era una situación imposible. Pero cada vez que Abraham miraba a las estrellas, se acordaba de la promesa de Dios. Comenzó a ver la promesa con los ojos de la fe.

No podemos dar a luz un sueño que primero no hemos concebido. Debemos concebirlo en nuestro interior a través de los ojos de la fe, antes de que pueda materializarse. Cambie su visión y cambiará lo que está produciendo.

Rompa la maldición

"Moisés hizo una serpiente de bronce y la puso en un asta. Los que eran mordidos, miraban a la serpiente de bronce y vivían".
NÚMEROS 21:9

¿SABÍA QUE NUESTRA FE PUEDE funcionar negativamente tan fácilmente cómo funciona positivamente? Por ejemplo, si su familia tiene un largo historial de enfermedades y males, no se siente y se vea igual que ellos: "Bueno, me imagino que esto fue lo que me tocó en la vida".

Más que cualquier otra persona, usted necesita comenzar a desarrollar una nueva imagen de sí mismo. Necesita verse como una persona fuerte, saludable, que vive una vida larga y satisfactoria. Usted puede ser el que rompa esa maldición de salud frágil. Pero lo primero que debe hacer es cambiar la imagen que tiene de usted mismo en su mente. Establezca esa nueva imagen. Asegúrese de que sus ojos estén llenos de luz.

"Estos flecos les ayudarán a recordar que deben cumplir con todos los mandamientos del SEÑOR, y que no deben prostituirse ni dejarse llevar por los impulsos de su corazón ni por los deseos de sus ojos".
NÚMEROS 15:39

El valor de los *recuerdos*

A MÍ ME GUSTA PONER FRENTE a mí cosas que me recuerden buenos momentos del pasado, mientras expando mi visión hacia mejores experiencias en el futuro. Yo le sugiero que coloque cosas en su casa u oficina que edifiquen su fe, quizás fotos que le traigan buenos recuerdos o que lo muestren viviendo la vida a plenitud. Cuando vea esas fotos, no diga simplemente: "Quisiera poder estar así de feliz", o "Quisiera poder usar esa talla de ropa todavía".

No. Permita que la imagen penetre profundamente en su interior. No deje que las cosas buenas que Dios ha hecho en su vida se le escapen. Para producirlo en el exterior, primero hay que imaginarlo en el interior.

Tenga la Palabra de *Dios* a la vista

"Grábate en el corazón estas palabras que hoy te mando. Incúlcaselas continuamente a tus hijos. Háblales de ellas cuando estés en tu casa y cuando vayas por el camino, cuando te acuestes y cuando te levantes. Átalas a tus manos como un signo; llévalas en tu frente como una marca [...] escríbelas en los postes de tu casa y en los portones de tus ciudades".

DEUTERONOMIO 6:6–8, 9

PARA SUSTENTAR SU PROPIO crecimiento espiritual y mantenerse lleno de fe, puede ser de utilidad decorar su hogar con versículos bíblicos. Sobre el espejo del baño o donde usted se vista, coloque versículos tales como: "Todo lo puedo en Cristo" o "Este es el día en que el Señor actuó". En la puerta del refrigerador, recuérdese que: "Cristo siempre nos lleva triunfantes". En la puerta de atrás de la casa, coloque la promesa: "La protección de Dios me rodea como un escudo" o "La bondad y el amor me seguirán todos los días de mi vida". Coloque extractos que le ayuden a crear una visión maravillosa de su vida.

Renueve su actitud

> *"Ni tampoco se echa vino nuevo en odres viejos. De hacerlo así, se reventarán los odres, se derramará el vino y los odres se arruinarán. Más bien, el vino nuevo se echa en odres nuevos, y así ambos se conservan".*
>
> MATEO 9:17

¿SUPONE USTED QUE YA ALCANZÓ sus límites en la vida y que nunca será más exitoso, que no hará algo más significativo de lo que ha hecho hasta ahora, y que no disfrutará de cosas que ha visto a otros disfrutar? Es triste, pero tiene toda razón... a menos que esté dispuesto a cambiar sus pensamientos y comenzar a creer en algo más grande.

Es interesante que cuando Jesús quiso animar a sus seguidores para que ampliaran su visión, les recordó que "no podemos poner vino nuevo en odres viejos". Él estaba queriendo decir que es imposible alcanzar una vida mejor con actitudes que nos restringen. ¿Comenzará usted hoy a ampliar su fe y su visión y a librarse de esa forma de pensar negativa que no lo deja avanzar?

Avance por *fe*

"Pensaba: 'Si al menos logro tocar su manto, quedaré sana'. Jesús se dio vuelta, la vio y le dijo: ¡Ánimo, hija! Tu fe te ha sanado. Y la mujer quedó sana en aquel momento".
MATEO 9:21–22

Un amigo cuyo matrimonio estaba a punto de disolución, me dijo: "Joel, esto ha sido así durante mucho tiempo. Nunca me ocurre nada bueno. No sé cómo restaurar mi matrimonio. Siempre hemos tenido estos problemas".

"Esa actitud equivocada te impide recibir las cosas buenas que Dios quiere derramar en tu vida —le dije—. Deja de albergar pensamientos negativos y destructivos, que solo logran mantenerte estancado. Tu vida cambiará cuando cambien tus pensamientos". Dios tiene mucho más que ofrecerle a mi amigo, y también a nosotros. Si deseamos ver la protección sobrenatural de Dios, debemos comenzar a creerlo, a visualizarlo y a hablar de ello.

"Para mostrar en los tiempos venideros la incomparable riqueza de su gracia, que por su bondad derramó sobre nosotros en Cristo Jesús".
EFESIOS 2:7

Espere la bendición de Dios

DIOS QUIERE QUE ESTE SEA EL mejor momento de su vida. Pero si usted desea recibir su favor, debe ampliar su visión. No puede andar por la vida albergando pensamientos negativos, limitantes, de derrota. *Bueno, he llegado al límite de mi carrera.* O: *He tenido este problema durante tanto tiempo, que creo que debe ser parte de mí.*

Para experimentar el favor inconmensurable de Dios, debemos comenzar a esperar su bendición. Acostumbrarnos a pensar en algo más grande. Debemos abandonar toda forma de pensamiento negativo. Si hacemos espacio en nuestra mente para cosas mejores, Dios hará que esas cosas ocurran. Pero Dios no derramará ideas frescas y creativas ni bendiciones sobre nuestras viejas actitudes.

Espere grandes cosas

"Para el que cree, todo es posible".
MARCOS 9:23

ON DIOS, TODO ES POSIBLE. ESTA mañana, aférrese con fe y con todo su corazón a esta verdad. Deje que las semillas que Dios está colocando en su vida echen raíces, para que puedan crecer. Espere que la protección de Dios le ayude a salir del estancamiento y alcanzar nuevas alturas. Esto puede ocurrir sin necesidad de recibir un crédito bancario o contar con la mejor educación. Puede ocurrir a pesar de nuestro pasado y a pesar de lo que los críticos puedan decir.

No tenemos que estar atados por las barreras del pasado. Comience a hacer lugar en su pensamiento para recibir lo que Dios tiene para usted. Espere destacar en todo lo que hace. Permita que esa semilla se arraigue. Supere las barreras del pasado y espere que Dios haga grandes cosas en su vida.

"Entonces les tocó los ojos y les dijo: 'Se hará con ustedes conforme a su fe'".
MATEO 9:29

Por el poder de *Dios*

ESTE ES SU MOMENTO DE CRECER. Tal vez usted ha estado enfermo durante largo tiempo, pero este es el momento de sanar. Tal vez está atado por adicciones y malos hábitos, pero este es el momento de ser liberado. Tal vez tiene problemas financieros, pero este es el momento de ascender. El secreto es creer.

Dios le está diciendo algo similar a lo que el ángel le dijo a la Virgen María, cuando le comunicó que concebiría sin conocer varón. En otras palabras, Dios estaba diciendo que la concepción ocurriría por medios sobrenaturales. Lo que Él quiere hacer en nuestra vida no será realizado por nuestro poder, sino por el Espíritu Santo. El Poder del Dios Altísimo descenderá sobre usted y hará que ocurra.

Usted puede llegar a serlo

"Al cruzar, Elías le preguntó a Eliseo: '¿Qué quieres que haga por ti antes de que me separen de tu lado?'. Te pido que sea yo el heredero de tu espíritu por partida doble', respondió Eliseo. 'Has pedido algo difícil —le dijo Elías—, pero si logras verme cuando me separen de tu lado, te será concedido; de lo contrario, no".
2 REYES 2:9–10

EL PROFETA DEL ANTIGUO Testamento, Elías, experimentó una gran cantidad de milagros; y su ayudante Eliseo fue testigo de muchos de ellos. En su última conversación, Elías le dijo a Eliseo: "Si Dios te permite que lo visualices, puedes contar con que tu solicitud será concedida". Pero no podemos evitar preguntarnos si Elías también estaba diciendo: "Si puedes verlo, puedes serlo. Si puedes visualizarlo a través de la pantalla de la Palabra de Dios con tus 'ojos espirituales', puede hacerse realidad en tu vida".

Recuerde, las bajas expectativas nos atrapan en la mediocridad; las altas expectativas nos motivan y nos impulsan a avanzar en la vida.

"Concentren su atención en las cosas de arriba, no en las de la tierra"
COLOSENSES 3:2

Aumente su nivel de expectativa

DIOS ESTÁ EXTREMADAMENTE interesado en lo que vemos a través de nuestros "ojos espirituales". Si tenemos una visión victoriosa para nuestra vida, podemos ascender a un nuevo nivel. Pero mientras nuestra mirada esté dirigida hacia el suelo en vez de hacia nuestras posibilidades, nos arriesgamos a avanzar en la dirección equivocada y perdernos las grandes cosas que Dios quiere hacer en y a través de nosotros.

Es un hecho tanto psicológico como espiritual: avanzamos en la dirección de lo que vemos en nuestra mente. Nuestra vida seguirá nuestras *expectativas*. Lo que esperamos es lo que recibimos. Si aumentamos nuestro nivel de expectativa, ampliaremos nuestra visión. Este puede ser el día en ocurra su milagro.

El *Rey* de reyes

"Sin embargo, como está escrito: 'Ningún ojo ha visto, ningún oído ha escuchado, ninguna mente humana ha concebido lo que Dios ha preparado para quienes lo aman".

1 CORINTIOS 2:9

Hace años, un golfista famoso aceptó una invitación del rey de Arabia Saudita para jugar golf. Luego de compartir un tiempo juntos, el rey le preguntó al golfista qué deseaba como regalo. "Pide lo que quieras", le dijo. El rey insistía, así que el golfista finalmente se dio por vencido y dijo: "Está bien. Colecciono palos de golf. ¿Por qué no me obsequia algo relacionado con el golf?". Pasaron semanas y el golfista se imaginó que quizás recibiría un *putter* de oro sólido o un *sand wedge* con punta de diamante; hasta que recibió un sobre certificado. Dentro del sobre encontró un documento de propiedad de un campo de golf de 500 acres en EE. UU.

A veces los reyes piensan diferente a nosotros. Y nosotros servimos al Rey de reyes. ¡Establezca sus sueños en eso!

"Ahora bien, la fe es la garantía de lo que se espera, la certeza de lo que no se ve".
HEBREOS 11:1

Vienen cosas *buenas*

*E*S IMPORTANTE QUE programemos nuestra mente para el éxito. Si albergamos pensamientos positivos, nuestra vida avanzará en esa dirección. Si tenemos continuamente pensamientos negativos, viviremos una vida negativa. Si esperamos derrota, fracasos, o mediocridad, nuestro subconsciente se asegurará de que perdamos, fracasemos o saboteemos cualquier intento de sobresalir por encima del promedio.

Debemos tener pensamientos positivos, de victoria, de abundancia, de favor, de esperanza. Todos los días debemos escoger vivir con una actitud y la expectativa de que cosas buenas nos ocurrirán. Comience su día con fe y programe su mente en la dirección correcta, luego salga esperando la ayuda de Dios. Espere sobresalir en su carrera y superar los retos de la vida. Crea en Dios y tenga un futuro grandioso.

Salga de la prisión

"¿Por qué voy a inquietarme? ¿Por qué me voy a angustiar? En Dios pondré mi esperanza, y todavía lo alabaré. ¡Él es mi Salvador y mi Dios!".
SALMO 42:11

UNA FRASE COMÚN ENTRE LOS hombres y las mujeres que cumplen largas sentencias en las prisiones federales en Estados Unidos, es: "Ya no hay más nada que buscar". Es una frase triste, desesperanzada, que les roba a los reos cualquier pequeña esperanza que puedan tener. "Nada cambiará en tu vida. Tienes lo que te mereces". Tristemente, mucha gente que está "libre" vive detrás de barrotes autoimpuestos en prisiones hechas por ellos mismos, y han sucumbido al mismo tipo de pensamiento. *Esto es lo más que puedes anhelar. Nada va a mejorar, así que mejor te sientas, te callas y aguantas.*

¡No! ¡Usted puede salir de esa prisión! La puerta está abierta. Comience a esperar que la puerta de la oportunidad se abra para usted, y lo hará.

"Hermanos, no pienso que yo mismo lo haya logrado ya. Más bien, una cosa hago: olvidando lo que queda atrás y esforzándome por alcanzar lo que está delante, sigo avanzando hacia la meta para ganar el premio que Dios ofrece mediante su llamamiento celestial en Cristo Jesús".
FILIPENSES 3:13-14

Deje de limitar a Dios

¿QUÉ TIENE DIOS PREPARADO PARA nosotros el día de hoy? Su sueño para nuestra vida es mucho más de que lo que podamos imaginar. Si Dios nos mostrara todo lo que tiene para nosotros, nos quedaríamos atónitos.

Es hora de dejar de ponerle límites a Dios. Recuerde: Dios es la fuente, ¡y su creatividad y recursos son ilimitados! Dios puede darnos un sueño o una idea para un invento, un libro, una canción, o una película. Una idea de Dios puede cambiar el curso de nuestras vidas para siempre. Dios no está limitado por lo que tengamos o no tengamos. Él puede hacer cualquier cosa si nosotros simplemente dejamos de limitarlo en nuestro pensamiento.

Comience a ver más allá

"Conozcamos al Señor; vayamos tras su conocimiento. Tan cierto como que sale el sol, Él habrá de manifestarse; vendrá a nosotros como la lluvia de invierno, como la lluvia de primavera que riega la tierra".
OSEAS 6:3

$\mathscr{M}$UCHA GENTE PIERDE oportunidades cruciales en su vida porque ha crecido acostumbrada al *statu quo*. Se rehúsa a hacer espacio en su mente para cosas nuevas que Dios quiere hacer en su vida. Cuando aparece una gran oportunidad, en vez de aprovecharla por fe, dicen: "Bueno, eso nunca podría ocurrirme a mí. Es demasiado bueno para ser verdad".

Si usted piensa: *Realizaré el mismo trabajo por el resto de mi vida. Es lo único que sé hacer*, espere un momento. Dios puede intervenir en su situación y ponerlo en una mejor posición. Comience hoy a ver más allá de donde se encuentra, hacia donde desea estar.

*"En aquel día buscará el hombre
a su Hacedor; fijará la mirada en el Santo de Israel".*
ISAÍAS 17:7

Océanos
para *disfrutar*

ESTA ES LA HISTORIA DE UN sapito que nació en el fondo de un pequeño pozo circular. Él y su familia vivían allí, y él estaba conforme de jugar en el agua. El sapito pensaba: *La vida no puede ser mejor que esto.* Pero un día, trepó hasta el tope del pozo y se asomó por el borde. Lo primero que vio fue un charco mil veces más grande que el pozo. Se aventuró a ir más lejos y descubrió un gran lago. Con el tiempo, el sapito llegó saltando hasta el océano, en donde lo único que pudo ver fue agua. Estaba más que sorprendido.

¿Se encuentra usted encerrado en su pequeño pozo? Asómese por el borde. ¡Dios tiene océanos que desea que usted disfrute!

Cambie su árbol familiar

"Aquella misma noche el Señor le dijo: 'Toma un toro del rebaño de tu padre; el segundo, el que tiene siete años. Derriba el altar que tu padre ha dedicado a Baal, y el poste con la imagen de la diosa Aserá que está junto a él. Luego, sobre la cima de este lugar de refugio, construye un altar apropiado para el Señor tu Dios. Toma entonces la leña del poste de Aserá que cortaste, y ofrece el segundo toro como un holocausto".
JUECES 6:25-26

MUCHÍSIMAS VECES DEJAMOS QUE el conformismo nos mantenga sumidos en la mediocridad. Nos sentimos cómodos donde estamos, y usamos eso como excusa. "Mis padres eran pobres. Nadie en mi familia ha tenido nunca éxito, así que me imagino que yo tampoco".

No, Dios quiere que a nosotros nos vaya mucho mejor que a nuestros padres. Él quiere que rompamos ese patrón. Podemos hacer más, tener más y ser más. ¡Usted puede ser la persona que cambie el árbol familiar! No les transmita esa carga a sus hijos para que mantengan el ciclo negativo.

*"Tú, Señor, escuchas la petición
de los indefensos, les infundes
aliento y atiendes a su clamor".*
SALMO 10:17

Deje que la *fe* florezca

CONOCÍ A UNA PAREJA QUE PASABA sus días trabajando arduamente para pagar la renta de su pequeño apartamento y comprar comida, mientras buscaban nuevas oportunidades para mejorar su vida. A pesar de sus circunstancias, para soñar y expandir su visión se vistieron y fueron a un hotel elegante, donde simplemente se sentaron en el magnífico lobby. Vieron más allá de donde estaban en dirección al lugar donde querían estar, y permitieron que la fe floreciera en sus corazones.

Quizás usted también necesite cambiar su entorno. Deje de andar por ahí preocupado y sintiendo lástima por usted mismo. Más bien, vaya a algún lugar donde pueda soñar. Puede ser una iglesia, puede ser a orillas de un río o en un parque. Encuentre un sitio donde su fe pueda elevarse.

Elévese con las águilas

"Jonatán hijo de Saúl fue a ver a David en Hores, y lo animó a seguir confiando en Dios".
1 SAMUEL 23:16

ES ASOMBROSO LO QUE PUEDE pasar cuando entramos en una atmósfera en la que los demás nos edifican en vez de rebajarnos, donde nos estimulan y nos retan a ser lo mejor que podamos ser. Pasemos tiempo con aquellos que nos inspiren a alcanzar nuevas alturas. Si nos asociamos con gente exitosa, muy pronto nos contagiaremos de su entusiasmo y haremos nuestra esa misma visión. Si estamos en una atmósfera de victoria, desarrollaremos una mentalidad ganadora. Si compartimos con gente de fe, nuestra propia fe aumentará.

Es hora de elevarnos con las águilas en vez de picotear con los pollos. Si cumplimos nuestra parte, contemplando continuamente la bondad de Dios, viviendo con fe y esperanza, Dios nos llevará a lugares a donde nunca hemos soñado ir.

"¡Cuán grandes son sus señales!
¡Cuán portentosas son sus ma-
ravillas! ¡Su Reino es un reino
eterno! ¡Su soberanía permanece
de generación en generación!".
DANIEL 4:3

El Dios del crecimiento

*C*UANDO MI PADRE FALLECIÓ Y YO quedé a cargo como pastor de la iglesia Lakewood, en Houston, la gente me preguntaba: "Joel, ¿realmente crees que puedes dirigir esta iglesia? Tienes un vacío muy grande que llenar". Yo entendía lo que querían decir, porque ellos amaban a mi papá y él había sido un gran líder. Más allá de eso, muy pocas iglesias del tamaño del Lakewood han sobrevivido la pérdida de su pastor fundador.

Pero nada de eso me preocupaba. Yo sabía que Dios no deseaba que una generación brillara y la siguiente se desvaneciera en la oscuridad. Dios quiere que cada generación sea mejor. Así es nuestro Dios. Deseo que esta mañana usted crea en esto también.

Salga de la rutina

"Ciertamente les aseguro que el que cree en mí las obras que yo hago también él las hará, y aun las hará mayores, porque yo vuelvo al Padre".
JUAN 14:12

*T*AL VEZ A USTED LE PARECE QUE proviene de la familia equivocada, o de la parte equivocada de la ciudad. Puede que no tenga dinero o que tenga muy poca educación. En lo material, puede que el futuro no parezca muy brillante. Algunas personas a su alrededor podrían tratar de desanimarle y decirle que no hay razones para esperar más. Otros podrían decirle que no se arriesgue y se quede como está, lo que en verdad significa permanecer estancado en una rutina de derrota y mediocridad.

No escuche a los pesimistas. Salga de la rutina. Dios no está limitado por lo que lo rodea a usted, sus antecedentes familiares o sus circunstancias actuales. Dios solo está limitado por su falta de fe. Créale que hay "obras grandiosas" que Él quiere que usted haga.

"No las esconderemos de sus descendientes; hablaremos a la generación venidera del poder del Señor, de sus proezas, y de las maravillas que ha realizado".
SALMO 78:4

Transmitir un *legado*

AMIGO, JAMÁS SE CONFORME CON lo que ha logrado. Quizás usted provenga de una familia como la de mi papá, que no tenía mucho desde el punto de vista material. O quizás provenga de una familia con una tremenda riqueza, prestigio y posición social. No importa de dónde provengamos, todos podemos experimentar mejores cosas que la generación que nos precede.

Respete lo que sus padres lograron, pero no se conforme solo con heredar lo que ellos tienen, y hacer lo que ellos hicieron. Dios quiere que cada generación llegue más lejos que la generación anterior. Él no quiere que usted se quede dónde está. Usted puede ser mucho más que sus predecesores, y puede transmitir un legado de actitudes santas, de bendiciones y éxitos a sus hijos.

Rompa el ciclo

> *"'No será por la fuerza ni por ningún poder, sino por mi Espíritu', dice el Señor Todopoderoso".*
> ZACARÍAS 4:6

QUIZÁS USTED TIENE UN LARGO historial de divorcios, fracasos, depresiones, mediocridad y otros problemas personales. Es necesario que usted diga: "Ya basta. Voy a romper este ciclo y cambiar mis expectativas. Comenzaré a creer en Dios para recibir cosas grandes y mejores".

Cuando Dios pone un sueño en nuestros corazones, cuando pone oportunidades en nuestro camino, debemos salir decididos en nuestra fe, esperar lo mejor, avanzar confiadamente, sabiendo que somos perfectamente capaces de hacer lo que Dios quiere que hagamos. Dios quiere hacer cosas nuevas en nuestra vida. Lo que recibimos está conectado directamente con lo que creemos. Pero debemos hacer nuestra parte y salir de la pequeña caja en la que nos hemos acostumbrado a vivir. ¡Comencemos a pensar en grande!

"Las armas con que luchamos no son del mundo, sino que tienen el poder divino para derribar fortalezas".
2 CORINTIOS 10:4

Actitudes nuevas y *positivas*

Si USTED NO CREE QUE SUS SUEÑOS pueden materializarse algún día, nunca ocurrirá. Si usted no cree tener lo que hace falta para surgir e imponer un nuevo estándar, no ocurrirá. La barrera está en su mente, lo que las Escrituras llaman "fortalezas". Son los patrones de pensamientos errados los que nos mantienen atrapados en la derrota. Y es por eso que es tan importante que tengamos pensamientos positivos de esperanza, fe y victoria.

Quizás alguien haya pronunciado palabras negativas en su vida. Quizás alguien le ha dicho que usted no tiene lo que se requiere para tener éxito. Rechace esas palabras donde sea que las encuentre. Después de todo, si Dios es con nosotros, ¿quién contra nosotros? Supere esas limitaciones y deje que su mente albergue actitudes nuevas, positivas y llenas de fe.

Corra libre

"Para los hombres es imposible, aclaró Jesús, mirándolos fijamente, mas para Dios todo es posible".
MATEO 19:26

*H*ASTA PRINCIPIOS DE LOS AÑOS cincuenta, los peritos en atletismo declararon que era imposible que un ser humano pudiera romper la barrera de los cuatro minutos por milla. Pero un día, un hombre llamado Roger Bannister se negó a aceptar que todas esas limitaciones formaran una fortaleza en su mente. Comenzó a entrenar, creyendo que podía romper el récord. Y, por supuesto, salió y corrió la "milla milagrosa", rompiendo la barrera de los cuatro minutos por milla.

Ahora, lo más interesante de esta historia es que diez años después de que Bannister rompiera el récord, ¡trescientos treinta y seis atletas también lo rompieron! Piense en ello. ¿Qué marcó el cambio? Simple. Durante todos esos años, la barrera estaba en la mente de los corredores. Un hombre probó que los expertos se equivocaban, y cientos corrieron libres.

"Cuando estábamos en Horeb, el Señor nuestro Dios nos ordenó: 'Ustedes han permanecido ya demasiado tiempo en este monte. Yo les he entregado esta tierra; ¡adelante, tomen posesión de ella!'. El Señor juró que se la daría a los antepasados de ustedes, es decir, a Abraham, Isaac y Jacob, y a sus descendientes".
DEUTERONOMIO 1:6–8

Hoy es un nuevo día

CUANDO DIOS LIBRÓ AL PUEBLO hebreo de la esclavitud en Egipto, el viaje de once días a la Tierra Prohibida se tornó en cuarenta años. Dios quería que avanzaran, pero ellos merodearon en el desierto, dando vueltas alrededor de la misma montaña una y otra vez. Estaban atrapados en una mentalidad de pobreza y derrota, enfocados en sus problemas y siempre quejándose de los obstáculos.

Independientemente de lo que hayamos vivido en el pasado, de cuántos reveses hayamos sufrido o de lo que haya tratado de frustrar nuestro progreso, hoy es un nuevo día y Dios quiere hacer cosas nuevas en nuestra vida. No permita que su pasado determine su futuro.

Sea una nueva creación

"Por lo tanto, si alguno está en Cristo, es una nueva creación. ¡Lo viejo ha pasado, ha llegado ya lo nuevo!".
2 CORINTIOS 5:17

A CAUSA DE SU DESOBEDIENCIA Y falta de fe, los israelitas vagaron en el desierto por 40 años. ¡Qué triste! Dios había preparado un lugar de gran abundancia, un lugar de gran libertad para su pueblo. Pero ellos habían sido derrotados, maltratados y aventajados por sus opresores durante tanto tiempo que, aunque ahora Dios quería una vida mejor para cada uno de ellos, no podían concebirlo.

¿Siente que está caminando en círculos en su vida? ¿Está permitiendo que los obstáculos se atraviesen entre usted y su destino, en vez de avanzar hacia adelante con una actitud de fe, a la espera de cosas buenas? Es hora de abandonar las tristezas, penas o fracasos del pasado. Rehúsese a pertenecer al grupo de los indecisos. Confíe en que Dios lo guiará en la dirección correcta, mientras atraviesa las barreras de su pasado.

"Ensancha el espacio de tu carpa, y despliega las cortinas de tu morada. ¡No te limites! Alarga tus cuerdas y refuerza tus estacas. Porque a derecha y a izquierda te extenderás; tu descendencia desalojará naciones, y poblará ciudades desoladas".

ISAÍAS 54:2–3

Espere el *doble*

LA BIBLIA NOS PROMETE QUE EN vez de nuestra "[antigua] vergüenza", Dios nos dará una "doble recompensa" (Is. 61:7). Esto significa que si mantenemos la actitud correcta, Dios nos recompensará el doble por nuestros problemas. El sumará todas las injusticias, todo el dolor y el abuso que los demás le han hecho vivir, y le pagará el doble en gozo, paz y felicidad. Si usted cambia sus pensamientos, Dios puede cambiar su vida.

Usted nació para ganar, para la grandeza; usted fue creado para ser un campeón en la vida. Nuestro Dios es llamado *El Shaddai,* el Dios que da más que suficiente. ¡Él no es "El Limitado", el Dios que da lo básico para sobrevivir!

Rescatados de la maldición

"Cristo nos rescató de la maldición de la ley al hacerse maldición por nosotros, pues está escrito: 'Maldito todo el que es colgado de un madero'".
GÁLATAS 3:13

QUIZÁS USTED ESTÉ VIVIENDO CON cosas que han estado presentes en su familia durante generaciones: alcoholismo, drogadicción, pobreza, depresión, ira o baja autoestima. Sea cual sea el problema, la buena noticia es que podemos romper el ciclo. Podemos escoger levantarnos y cambiar el rumbo, con la ayuda de Dios.

Dios nos ayuda a romper esas maldiciones en nuestra familia, pero eso requerirá perseverancia y disposición de cambiar nuestro pasado. Nuestra actitud debe ser: *Este es un nuevo día. Declaro firmemente que somos más que vencedores. No importa cuán derrotados estemos, cuán desesperanzados hayamos estado, cuán grandes sean nuestros obstáculos, o cuán poderosos sean nuestros enemigos. Mayor es Aquel que está en nosotros, que aquel que está en el mundo. Somos bendecidos y no podemos ser maldecidos.*

"Ahora bien, sabemos que Dios dispone todas las cosas para el bien de quienes lo aman, los que han sido llamados de acuerdo con su propósito".
ROMANOS 8:28

Dios
abrirá
puertas

𝓛A BIBLIA DICE CLARAMENTE QUE Dios nos ha coronado de "gloria y de honra" (Sal. 8:5). La palabra *honra* se puede traducir también como "favor" y *favor* significa "ayudar, dar ventajas especiales y recibir trato preferencial". En otras palabras, Dios quiere ayudarnos, promovernos, darnos ventajas. Pero para recibir más del favor de Dios, debemos vivir con una mente más "favorable". Debemos esperar la ayuda especial de Dios y liberar nuestra fe, sabiendo que Dios desea ayudarnos.

Podemos esperar ese trato preferencial, no por *lo que* somos, sino porque *le pertenecemos*. No es porque seamos mejores que los demás o porque lo merezcamos. Es porque nuestro Padre es el Rey de reyes, y su gloria y honra es derramada sobre nosotros.

Viva con una mente favorable

"Por eso, dispónganse para actuar con inteligencia; tengan dominio propio; pongan su esperanza completamente en la gracia que se les dará cuando se revele Jesucristo".
1 PEDRO 1:13

COMO HIJOS DE DIOS, PODEMOS vivir con confianza y valentía, a la espera de cosas buenas. Si amamos a Dios, Él dispondrá de todo a nuestro favor, y hará que todo funcione en nuestro beneficio, aunque no siempre sea de la manera que deseamos. Independientemente de lo que pase o no pase en nuestra vida el día de hoy, sigamos creyendo en el favor de Dios.

No dé por sentado el favor de Dios. Viva con una mente favorable. Levántese cada día, espérelo y declárelo. Diga: "Cuento con el favor de Dios". No debemos sentarnos pasivamente. Si hacemos nuestra parte, Dios también hará la suya.

"Porque tú eres su gloria y su poder; por tu buena voluntad aumentas nuestra fuerza".
SALMO 89:17

Una *gran* mañana

*U*NA VEZ CONOCÍ A UN MECÁNICO que sufrió una serie de injusticias en una compañía de camiones diésel donde trabajaba. Él pudo haberse amargado, o pudo haber abandonado ese lugar para ir a trabajar en cualquier otro lado. Pero él continuó haciéndolo de forma excelente, sabiendo que no trabajaba para complacer a su supervisor, sino para complacer a Dios. Un día, el dueño de la compañía lo llamó y le dijo: "Estoy listo para jubilarme, y estoy buscando a alguien en quien pueda confiar para llevar mis negocios y continuar el trabajo que yo empecé. Quiero que sea usted". Actualmente, el mecánico posee la compañía, libre de todo gravamen.

¿No le parece que esta mañana es perfecta para comenzar a esperar que Dios muestre su favor en los pequeños detalles de su vida?

Perdón eterno

"Señor, ¿cuántas veces tengo que perdonar a mi hermano que peca contra mí? ¿Hasta siete veces? No te digo que hasta siete veces, sino hasta setenta y siete veces, le contestó Jesús".
MATEO 18:21–22

ES NECESARIO QUE ENTENDAMOS que servimos a un Dios que quiere darnos más de lo que podemos pedir o pensar. Independientemente de cómo nos traten los demás, debemos seguir haciendo lo correcto; no debemos ofendernos ni molestarnos; no debemos tratar de vengarnos, devolviendo mal por mal. En vez de eso, debemos seguir perdonando y respondiendo con amor. Si lo hacemos, cuando llegue el momento de nuestro ascenso, Dios se asegurará de que suceda. ¡Él hará que recibamos todo lo que merecemos, y más!

Recuerde, Dios puede trabajar para traer justicia a su vida el día de hoy. Escoja confiar en su plan para su vida, y comience a anticipar su toque de favor.

"Ciertamente tu bondad y tu amor inagotable me seguirán todos los días de mi vida, y en la casa del Señor viviré por siempre".
SALMO 23:6 (NTV)

El *toque* de Dios

SI USTED TIENE UNA ACTITUD positiva esta mañana, la Biblia dice: "las bendiciones de Dios te alcanzarán y se apoderarán de ti". Es decir, no podrá escapar de las cosas buenas de Dios. A donde quiera que vaya, las cosas funcionarán a su favor. Cada vez que se dé la vuelta, alguien querrá hacer algo bueno por usted. Todo eso ocurre gracias al favor de Dios.

El favor de Dios llega en medio de los retos de la vida. Cuando atravesamos tiempos difíciles, aunque el problema parezca imposible de resolver, debemos permanecer con una actitud de fe, y comenzar a declarar el favor de Dios en vez de desanimarnos y amargarnos. El toque del favor de Dios puede cambiar todas las cosas a nuestro alrededor.

Pida el favor de Dios

> *"¡Mi herencia eres tú, Señor! Prometo obedecer tus palabras. De todo corazón busco tu rostro; compadécete de mí conforme a tu promesa".*
> SALMO 119:57–58

DECLARAR EL FAVOR DE DIOS NO es recitar una especie de jerigonza espiritual sin sentido. En realidad, es muy fácil declarar el favor de Dios en nuestras vidas. Todas las mañanas, diga algo como esto: "Padre, te agradezco porque tengo tu protección. Tu protección está abriendo puertas de oportunidades y trayendo éxito a mi vida. Por tu favor los demás desean ayudarme". Luego salga con confianza, esperando que le ocurran cosas buenas, esperando que las puertas se abran. Usted tiene algo especial. Tiene el favor de Dios.

Cada vez que se encuentre en una situación en la cual necesite protección, aprenda a declararlo. No tiene por qué decirlo en voz alta. Puede simplemente susurrarlo. El volumen de su voz es irrelevante; es su fe lo que marca la diferencia.

"Porque tú, Señor, bendices a los justos; cual escudo los rodeas con tu buena voluntad".
SALMO 5:12

Rodeados de su protección

INCLUSO EN LOS ASPECTOS mundanos de la vida, no podemos imponernos a la bondad de Dios, declarando su favor. Él quiere que actuemos. Por ejemplo, puede que usted se encuentre atrapado en el tráfico y que esté tratando de llegar a tiempo a una cita importante. Simplemente declare: "Padre, te agradezco porque tengo tu favor, y porque tú harás que aparezca un camino donde parece no haber ninguno en este momento". Luego, siga confiando en Dios y vea como aparece la oportunidad.

Piense que Dios toma realmente en cuenta nuestros intereses, que todo nos ayuda para nuestro bien. Como un Padre bueno, Él no siempre nos da lo que queremos. Pero siempre nos da lo que necesitamos. Un retraso podría ser justo lo que necesitamos.

La *bondad* de Dios cada día

"Me diste vida, me favoreciste con tu amor, y tus cuidados me han infundido aliento".
JOB 10:12

CUANDO USTED ACARICIA pensamientos favorables, comenzará a ver la bondad de Dios en los detalles pequeños y cotidianos, en el supermercado, en el campo de juego, en el centro comercial o en casa. Puede que haya salido a almorzar, cuando "casualmente" se tropiece con alguien que quería ver. Quizás se trate de una persona que usted admira o de la que desee aprender, o alguien con quien desee hacer negocios y que no podía encontrar. Eso no es una coincidencia. Es el favor de Dios que hace que usted esté en el momento correcto, en el sitio correcto.

Cuando estas cosas pasan, debemos agradecerlas. Debemos agradecer a Dios por su favor, y por su ayuda especial. No dé el favor de Dios por sentado.

"David tuvo éxito en todas sus expediciones, porque el Señor estaba con él".
1 SAMUEL 18:14

Hable sobre el favor de Dios

DEBEMOS ADQUIRIR EL HÁBITO de declarar constantemente el favor de Dios sobre nuestras vidas. Y no solo sobre nuestras propias vidas, sino sobre nuestros negocios, empleados, hijos y demás familiares. Sea usted contador, abogado o fotógrafo, todos los días debe afirmar: "Padre, te agradezco porque mis clientes me son leales y quieren hacer negocios conmigo". Si usted trabaja en bienes raíces, debe declarar el favor de Dios sobre sus propiedades: "Padre, te agradezco porque esta propiedad se va a vender. Te agradezco porque tu favor me está llevando a las personas correctas, las que desean comprar esta residencia".

Aprenda a declarar oralmente el favor de Dios sobre cada aspecto de su vida. Recuerde que cuanto más positivos seamos, más recibiremos el favor de Dios.

Busque la bondad de Dios

"Más bien, busquen primeramente el Reino de Dios y su justicia, y todas estas cosas les serán añadidas".
MATEO 6:33

*U*NA JOVEN MUJER EN LA IGLESIA DE Lakewood debía realizarse una operación de emergencia, que su seguro médico no podía cubrir. A raíz de eso, quedó debiendo veintisiete mil dólares al hospital. El hospital programó un plan de pagos por medio del cual ella pagaba poco a poco, mes a mes, pero como además era madre soltera, era muy difícil para ella. Sin embargo, no se quejaba, sino que mantenía su actitud de fe y expectativa, declarando el favor de Dios sobre su vida.

Justo antes de Navidad, recibió una carta del hospital en la cual se le informaba que había sido seleccionada para recibir el regalo anual del hospital. No solo se le perdonó su deuda, sino que se le reembolsaron los miles de dólares que ya había pagado. Esas son la clase de cosas que pasan "naturalmente" cuando vivimos con una mente favorable.

"La bondad y el amor me seguirán todos los días de mi vida; y en la casa del habitaré para siempre".
SALMO 23:6

El *poder* del favor de Dios

*E*L REY DAVID COMETIÓ ADULTERIO con Betsabé y luego ordenó que su esposo, Urías, fuera abandonado en medio de la batalla, lo cual resultó en la muerte del hombre. Sin embargo, la Biblia alaba a David, diciendo que era un hombre conforme al corazón de Dios (ver 1 Sam. 13:14; Hch. 13:22). ¿Cómo puede ser esto posible? Porque David se arrepintió y pidió perdón, y Dios lo perdonó y le dio una nueva oportunidad. Él no se enfocó en sus fallas o en las cosas que había hecho mal, sino que siguió viviendo con una mente favorable, esperando la bondad y la misericordia *todos* los días de su vida.

Esta mañana, en vez de esperar las sobras de la vida, ¿por qué no espera que las bendiciones de Dios lo persigan? En vez de esperar sobrevivir en la vida, comience a esperar que la bondad de Dios le alcanzará.

Ayuda en tiempos de necesidad

"Pero Noé contaba con el favor del Señor".
GÉNESIS 6:8

EL FAVOR DE DIOS PUEDE SACARNOS de dificultades y transformar nuestras adversidades en algo positivo. La Biblia está repleta de ejemplos de personas que se encontraban en medio de una gran necesidad, cuando el favor de Dios llegó sobre ellos de una manera diferente, dándoles lo que necesitaban. La tierra entera estaba a punto de ser destruida por un diluvio y Dios le dio a Noé la tarea de construir un enorme barco, sin mencionar que debía reunir a los animales. Sin duda, Noé se vio tentado a desanimarse, pero, sorprendentemente, la Biblia describe cómo Noé encontró el favor de Dios. En otras palabras, Dios estaba complacido en Noé, así que su favor vino sobre él de una forma novedosa, otorgándole una habilidad inusual.

"Rut se inclinó hacia la tierra, se postró sobre su rostro y exclamó: ¿Cómo es que le he caído tan bien a usted, hasta el punto de fijarse en mí, siendo solo una extranjera?".

RUT 2:10

Marcar la diferencia

SI USTED SE PREGUNTA LA diferencia que el favor de Dios puede marcar en su vida, recuerde a Rut. Ella era una viuda que vivía en un país extranjero que atravesaba por una terrible hambruna. Rut y su suegra, Noemí, prácticamente se estaban muriendo de hambre, así que Rut salía al campo todos los días e iba detrás de los que cosechaban, recogiendo cualquier grano que hubiesen dejado. Rut encontró el favor de Booz, el dueño del campo, así que Booz les dijo a sus trabajadores que dejaran puñados de granos a propósito para Rut. El favor de Dios vino durante la crisis, y de pronto las circunstancias de Rut y Noemí cambiaron.

Cuando atraviese momentos difíciles, en vez de desanimarse y amargarse, en ese momento más que nunca, escoja tener una mente favorable.

Cuando esté siendo maltratado

"Y mandó que echaran a José en la cárcel donde estaban los presos del rey. Pero aun en la cárcel el Señor estaba con él y no dejó de mostrarle su amor. Hizo que se ganara la confianza del guardia de la cárcel".

GÉNESIS 39:20–21

JOSÉ ES OTRO EJEMPLO BÍBLICO DE alguien que encontró el favor de Dios en la adversidad. Él fue vendido como esclavo en Egipto, maltratado y aventajado. Pero a pesar de lo que los demás le hicieron, la Biblia dice repetidamente que el favor de Dios estaba sobre José. Incluso cuando fue injustamente acusado de violación y enviado a prisión, él siguió prosperando. Gracias al favor de Dios, después de un tiempo fue liberado y puesto a cargo de todos los asuntos agrícolas de Egipto.

El favor de Dios llegó en medio de una prueba, en medio de un reto. Cuando alguien le esté maltratando, cuando tenga dificultadas financieras o cuando su mundo entero se esté cayendo a pedazos, espere recibir el favor de Dios. Comience hoy mismo.

"Hubiera yo desmayado, si no creyera
que he de ver la bondad de Jehová
en la tierra de los vivientes. ¡Espera
en Jehová! ¡Esfuérzate y aliéntese
tu corazón! ¡Sí, espera en Jehová!".
SALMO 27:13–14 (RV95)

Nunca desmaye

SI USTED VIVE CON UNA ACTITUD de fe, pronto recibirá el favor de Dios y la situación difícil que está atravesando dará un giro en su beneficio. El personaje del Antiguo Testamento, Job, atravesó una de las pruebas más difíciles que puede enfrentar una persona. En menos de un año perdió su familia, su negocio y su salud. Tenía llagas en todo el cuerpo y con toda seguridad vivía continuamente adolorido. Pero en medio de esta hora oscura, Job le dijo a Dios: "Me diste vida, me favoreciste con tu amor" (Job 10:12).

¿Existe alguna duda de por qué Dios le devolvió a Job el doble de lo que tenía antes? Nunca se dé por vencido con Dios.

Nunca descarte el favor de Dios

"Aunque la higuera no dé renuevos, ni haya frutos en las vides; aunque falle la cosecha del olivo, y los campos no produzcan alimentos; aunque en el aprisco no haya ovejas, ni ganado alguno en los establos; aun así, yo me regocijaré en el Señor, ¡me alegraré en Dios, mi Libertador!".
HABACUC 3:17–18

SI USTED HA LEÍDO EL LIBRO DE Job, se habrá dado cuenta de que aunque su sufrimiento comenzó en el capítulo 1, ¡no fue liberado y sanado sino hasta el capítulo 42! Pero desde el principio, aun en los momentos más oscuros, Job estaba diciendo: "Dios, no importa qué situación atraviese. Tú eres un Dios bueno. Tu favor le dará un giro a este momento".

Amigo mío, puede que usted se encuentre hoy en medio de un problema que parezca imposible de resolver, pero nunca descarte el favor de Dios. Mantenga su fe. Dios le promete que recibirá cosas buenas.

"Entonces Joacaz clamó al Señor, y Él lo escuchó, pues vio la gran opresión del rey de Siria sobre Israel".
2 REYES 13:4

Cosas buenas *vendrán*

*A*UNQUE USTED SIENTA QUE atraviesa su hora más oscura, declare vehementemente el favor de Dios, y nada lo podrá derrotar. La Biblia dice: "Pongan su esperanza completamente en la gracia que se les dará cuando se revele Jesucristo" (ver 1 P. 1:13). Ciertamente, este versículo aplica para las bendiciones que los cristianos recibirán en el regreso de Jesús. Pero también es una verdad en el presente. Es decir, no se dé por vencido. Siga creyendo, esperando, declarando. Mantenga la mente favorable y Dios le promete que vendrán cosas buenas para usted.

Si mantenemos nuestra esperanza en el Señor, Dios nos dice que el favor divino vendrá. Quizás no lo pueda ver justo ahora, pero cuando reciba el favor de Dios, las cosas cambiarán.

Viva el sueño

"Encomienda al Señor tus afanes, y Él te sostendrá; no permitirá que el justo caiga y quede abatido para siempre".
SALMO 55:22

CONOCÍ UNA MUJER JOVEN QUE describió cómo había perdido doscientas libras, después de fracasar en una dieta tras otra. Ella dijo: "Un día, decidí comenzar a visualizarme de la manera que quería ser, perdiendo peso, corriendo y jugando con mis hijos. Declaré palabras de victoria en mi vida y dije: 'Soy perfectamente capaz de perder ese peso. Tengo disciplina y autocontrol. Soy más que vencedora'". Una vez que esa nueva imagen de sí misma apareció, Dios pudo desarrollarla fácilmente en el exterior. Hoy ella está viviendo su sueño y disfrutando un estilo de vida más feliz y saludable.

Debemos tener primero una imagen interna de lo que queremos ser, antes de verlo ocurrir en el exterior.

"Entonces Eliseo oró: 'Señor, ábrele a Guiezi los ojos para que vea'. El Señor así lo hizo, y el criado vio que la colina estaba llena de caballos y de carros de fuego alrededor de Eliseo".
2 REYES 6:17

Abre mis ojos

CUANDO YO ERA JOVEN, ESCUCHABA a mi padre decir con frecuencia a la congregación: "Quiero que ustedes vean conmigo hoy allá afuera el nuevo templo". En ese momento, nos reuníamos en una pequeña edificación deteriorada. Pero mi padre decía: "Quiero que vean ese nuevo edificio terminado y pagado". Las personas que se encontraban con nosotros durante esas ocasiones probablemente pensaron que estábamos locos. Pero papá decía: "Cierren sus ojos y acompáñenme a ver esa nueva iglesia con los ojos de la fe. Véanla llena de personas adorando a Dios". Visualizamos el templo muchos años antes de que existiera, y hoy, la instalación de dieciséis mil asientos de la iglesia Lakewood, en Houston, tiene cuatro servicios a la semana.

Sueñe en grande.

Visualice sus sueños

"Por eso te aconsejo que de mí compres [...] colirio para que te lo pongas en los ojos y recobres la vista".
APOCALIPSIS 3:18

¿VE USTED SU VIDA A TRAVÉS DE los ojos de la fe? Piénselo de esta manera: cuándo cerramos los ojos, debemos ver más que cuando tenemos los ojos abiertos. Visualice a toda su familia sirviendo a Dios. Visualícese a usted mismo remontándose a nuevos niveles de efectividad. Véase más fuerte, más saludable, viviendo una vida más abundante. Vea a Dios usándolo de una manera más grandiosa.

Tome unos minutos diarios para tener grandes sueños: cierre los ojos y visualice sus sueños hacerse realidad. Visualícese libre de deudas. Visualícese rompiendo esa adicción. Visualice un matrimonio más satisfactorio. Visualícese alcanzando nuevos niveles en su carrera. Si usted puede fijar esas imágenes en su corazón, Dios puede hacer que ocurran en su vida.

"Pero por la gracia de Dios soy lo que soy, y la gracia que Él me concedió no fue infructuosa".
1 CORINTIOS 15:10

Desarrolle una imagen propia *saludable*

CADA PERSONA TIENE UNA IMAGEN de sí misma. Los psicólogos han probado que constantemente actuamos según la imagen que tenemos de nosotros mismos. Si nos vemos a nosotros mismos como poco calificados, poco atractivos, inferiores o fuera de lugar, probablemente actuaremos de acuerdo con esos pensamientos. Los individuos que se ven a sí mismos como Dios los ve, normalmente se sienten felices con lo que son. Pueden decir con toda honestidad: "Gracias, Padre, por crearme de la manera que lo hiciste. Prefiero ser yo que cualquier otra persona en la tierra. Sé que Tú tienes un propósito y un plan para mí, ¡y no puedo esperar para descubrirlo!".

La autoestima verdadera se puede basar solamente en lo que Dios dice de nosotros, no en lo que pensemos o sintamos. Somos lo que Dios dice que somos.

Creados a la imagen de Dios

"Y dijo: 'Hagamos al ser humano a nuestra imagen y semejanza. Que tenga dominio sobre los peces del mar, y sobre las aves del cielo; sobre los animales domésticos, sobre los animales salvajes, y sobre todos los reptiles que se arrastran por el suelo". Y Dios creó al ser humano a su imagen; lo creó a imagen de Dios. Hombre y mujer los creó".

GÉNESIS 1:26–27

*N*UESTRA IMAGEN PROPIA ES COMO un portarretrato: es la imagen que hacemos de nosotros mismos, que puede ser o no ser un reflejo preciso de quienes somos realmente. Lo que usted piense sobre usted mismo tendrá una enorme influencia en lo lejos que llegue en la vida, porque usted probablemente hablará, actuará y reaccionará como la persona que *cree* que es. La verdad es que nunca seremos mejores que la imagen que tenemos de nosotros mismos en nuestra cabeza.

Esta mañana, crea que usted fue hecho a imagen de Dios.

"¿Qué busco con esto: ganarme la aprobación humana o la de Dios? ¿Piensan que procuro agradar a los demás? Si yo buscara agradar a otros, no sería siervo de Cristo".
GÁLATAS 1:10

Viva para complacer a Dios

CARLY ERA LA ÚNICA MUJER QUE trabajaba en un campo ampliamente dominado por hombres. Prácticamente a diario debía ganarse el derecho a ser escuchada. Carly tenía sobrepeso y un caminar vacilante producto de tener una pierna más corta que la otra. Ella escuchaba las risas y los comentarios burlones que hacían a sus espaldas. Sin embargo, Carly sabía que era buena en lo que hacía, y poco a poco fue dejando atrás a sus detractores, recibiendo un ascenso tras otro, hasta que finalmente llegó a ser la directora de la compañía.

El secreto de Carly es la imagen propia increíblemente positiva que tiene. Ella cree que ha sido creada a la imagen de Dios y que eso le confiere un valor intrínseco. Ella no necesita la aprobación de los demás ni depende de cumplidos para sentirse bien consigo misma.

El amor incondicional de Dios

"¿Qué es el hombre, para que en él pienses? ¿Qué es el ser humano, para que lo tomes en cuenta? Pues lo hiciste poco menos que un dios, y lo coronaste de gloria y de honra".
SALMO 8:4–5

DIOS QUIERE QUE TENGAMOS UNA autoimagen saludable y positiva, para que nos veamos como tesoros invaluables. Él desea que nos sintamos bien con nosotros mismos. A pesar de nuestras debilidades, Dios nos ama. Él nos creó a su imagen y continuamente está moldeándonos a su carácter, ayudándonos a ser mucho más como la persona que Él es.

Por ende, debemos aprender a amarnos a nosotros mismos, con nuestras fallas, porque así es como nos ama nuestro Padre Celestial. Podemos caminar con confianza sabiendo que Dios nos ama incondicionalmente. Su amor se basa en lo que somos, no en lo que hacemos. Él nos creó como individuos únicos. No existe ni existirá nunca una persona exactamente igual a nosotros, ¡y Él nos considera su obra maestra!

*"¡El Señor está contigo,
guerrero valiente!"*.
JUECES 6:12

Sea un
campeón

$\mathcal{C}$UANDO EL ÁNGEL DEL SEÑOR aparareció para decirle a Gedeón la manera en que Dios deseaba que él salvara al pueblo de Israel de los medianitas, sus primeras palabras fueron, "¡El Señor está contigo, guerrero valiente!" (Jue. 6:12). Gedeón mostró su debilidad cuando respondió: "Pero Señor, ¿cómo puedo salvar a Israel?" (v. 5).

¿Le suena familiar? Muchas veces sentimos que Dios nos está llamando a hacer algo grande. Pero debido a nuestra pobre imagen propia, decimos: "Dios, yo no puedo hacer eso. Tienes que encontrar a alguien más calificado. No tengo lo necesario". Tal vez usted se siente incapaz, inseguro, débil, atemorizado e insignificante, ¡pero Dios lo ve como un ganador!

Cuando se *siente* débil

> *"El Señor lo encaró y le dijo: 'Ve con la fuerza que tienes, y salvarás a Israel del poder de Madián. Yo soy quien te envía'".*
> JUECES 6:14

*E*S INTERESANTE NOTAR LA diferencia entre la manera en que Gedeón se veía a sí mismo y la manera en que Dios lo recompensó. Aunque Gedeón se sentía incapaz, aterrado e inseguro, Dios le habló como le hablaría a un hombre poderoso y con una valentía inquebrantable. Gedeón se sentía débil, pero Dios lo vio lo suficientemente fuerte y competente como para liderar a su pueblo y salir victorioso de la batalla. ¡Y Gedeón lo hizo!

Dios lo ve a usted como un campeón. Él cree en usted y lo ve como un individuo fuerte, valiente, exitoso y aguerrido. Puede que usted no se vea de esa manera, pero eso no cambia la imagen que Dios tiene de usted. Dios aún nos ve exactamente como la Palabra nos describe. Debemos aprender a amarnos como nuestro Padre Celestial nos ama.

"Cuídame como a la niña de tus ojos; escóndeme, bajo la sombra de tus ala".
SALMO 17:8

La *niña* de los ojos de Dios

¿SABE QUIÉN ES USTED? USTED ES la niña de los ojos de Dios. Así como la pupila está en el centro del ojo, usted es el centro de la atención de Dios. Usted no escogió a Dios: Dios lo escogió a usted. Antes de que usted se formara en el vientre de su madre, Dios lo vio. Y las escrituras dicen que Dios ya lo aprobó y lo aceptó. Puede que Dios no esté complacido con cada una de sus decisiones, pero debe entender esta importante verdad: Dios se complace en usted.

Si Dios le aprueba, ¿Por qué no aceptarse y aprobarse usted mismo? Las Escrituras no dicen que Dios nos aprueba siempre y cuando no cometamos ningún error, o siempre y cuando no tengamos ninguna debilidad. No, Dios nos aprueba incondicionalmente. Él nos ama y nos acepta, a pesar de nuestras fallas.

"Lo suficientemente bueno"

"Por lo tanto, ya no hay ninguna condenación para los que están unidos a Cristo Jesús".
ROMANOS 8:1

YO A VECES DIGO O HAGO COSAS QUE desearía no haber dicho o hecho. A veces tengo malas actitudes. Puedo llegar a ser egoísta. Pero he aprendido a pedirle perdón a Dios por mis fallas, errores y pecados, y seguir adelante. No voy a estar castigándome por no ser perfecto. Dios conoce mi corazón. Él sabe que al menos lo estoy intentando. He decidido mantener mi cabeza en alto y sentirme bien conmigo mismo, sabiendo que Dios me aprueba.

Tal vez usted tiene algunos aspectos problemáticos que necesita superar. No se preocupe. No tiene por qué castigarse viviendo con culpa y condenación. No, Dios está en proceso de cambiarlo. Pero si hay una lucha constante dentro de usted porque siente que no es lo "suficientemente bueno", su progreso espiritual se puede ver afectado.

"En efecto, toda la ley se resume en un solo mandamiento: 'Ama a tu prójimo como a ti mismo'".
GÁLATAS 5:14

Ámese a sí mismo

*T*RISTEMENTE, MUCHOS INDIVIDUOS no se quieren a sí mismos. Viven con una guerra interna. Constantemente piensan o hablan negativamente de sí mismos. Se sienten culpables, inferiores, inseguros y condenados. A causa de su propio rechazo, no pueden llevarse bien con otras personas.

No cometa el error sentirse mal con usted mismo. Dios sabe que usted no es perfecto y que cometerá algunos errores. No podemos sorprender a Dios. Él nos creó. Él sabe todo sobre nosotros, lo bueno y lo malo, incluidas las fallas, y aun así nos ama. Debemos hacer lo mismo y aprender a amarnos y aceptarnos. Usted puede disfrutar su situación actual mientras Dios está en proceso de cambiarle y llevarle al lugar donde Él desea que esté.

La *intención* de actuar correctamente

"Después añade: Y nunca más me acordaré de sus pecados y maldades".
HEBREOS 10:17

*N*O DEBEMOS SER TAN DUROS CON nosotros mismos cuando no logramos vivir de acuerdo a nuestras expectativas poco realistas. "Es que no puedo controlar mi temperamento", dirá usted. O: "He tratado y tratado de dejar el cigarrillo, pero he fallado una y otra vez. Dios debe llevarse las manos a la cabeza cada vez que me ve".

No estoy diciendo que está bien tener una actitud relajada frente a nuestros errores, la falta de disciplina o el pecado. Me refiero a aquellos que tienen la intención de actuar correctamente. Si ese es su caso, no sienta condenación. La verdad es que, incluso después de superar un mal hábito, Dios le mostrará otro aspecto que usted necesite mejorar. Somos obras en construcción, y Él constantemente nos reta por nuestro propio bien.

> *"Sobre este monte, el Señor Todopoderoso preparará para todos los pueblos un banquete de manjares especiales, un banquete de vinos añejos, de manjares especiales y de selectos vinos añejos".*
> ISAÍAS 25:6

Hijos del Altísimo

A ALGUNAS PERSONAS LES GUSTA recordarnos que solo somos "unos pobres pecadores", pero la realidad es que somos hijos del Altísimo. Cuando llegamos a los pies de Dios, Él lavó nuestros pecados (ver 1 Co. 6:9-11). Él nos convirtió en nuevas criaturas. La Biblia dice: "Lo viejo ha pasado, ha llegado ya lo nuevo" (2 Co. 5:17). Él nos hizo la justicia de Dios.

En vez de querer dar lástima, esperando un obstáculo aquí y otro más allá, ¿Por qué no nos acercamos al comedor? Dios tiene un hermoso banquete preparado para nosotros. Tiene vida en abundancia para darnos. Tenemos sangre real que fluye por nuestras venas. Nuestro Padre celestial creo el universo entero pensando en nosotros.

La *gracia* de Dios es suficiente

"Pero Él me dijo: 'Te basta con mi gracia, pues mi poder se perfecciona en la debilidad'. Por lo tanto, gustosamente haré más bien alarde de mis debilidades, para que permanezca sobre mí el poder de Cristo".

2 CORINTIOS 12:9

A DIOS LE ENCANTA UTILIZAR A gente común como usted y como yo para hacer cosas extraordinarias. Ahora yo le pregunto: ¿Está usted dejando que sus debilidades e inseguridades le impidan llegar a ser lo mejor que puede ser? ¿Está dejando que sus sentimientos o su recelo le impidan creer que Dios hará cosas más grandes con usted? Dios quiere usarnos a pesar de nuestras debilidades. No se concentre en su debilidad, concéntrese en Dios.

Puede que no se sienta capaz por sí solo, pero no se preocupe. El apóstol Pablo dijo: "Cuando soy débil, entonces soy fuerte" (2 Co. 12:10) la Palabra de Dios afirma que por su fuerza siempre podremos triunfar. Él espera que vivamos en victoria.

> *"Sin embargo, gracias a Dios que en Cristo siempre nos lleva triunfantes y, por medio de nosotros, esparce por todas partes la fragancia de su conocimiento".*
> 2 CORINTIOS 2:14

Esté de acuerdo con Dios

DIOS NO SE COMPLACE CUANDO asumimos una actitud de lástima por nosotros mismos. Cuando hacemos eso, permitimos que nuestra imagen propia sea moldeada por conceptos antibíblicos que se oponen a la opinión que Dios tiene de nosotros. Este tipo de autopercepción negativa le impedirá ejercer los dones y la autoridad que Dios le ha conferido, así como experimentar la vida en abundancia que el Padre celestial quiere ofrecerle.

Usted puede cambiar la imagen que tiene de usted mismo. Comience por aceptar lo que Dios dice. Recuerde que Dios nos ve como hombres y mujeres de gran honor y valor. Él nos ve como más que vencedores. Él ya nos aprobó y nos aceptó. Comience a caminar por fe, haciendo lo que Dios le ha llamado a hacer.

Posea la tierra

"Si Dios está de nuestra parte, ¿quién puede estar en contra nuestra?".
ROMANOS 8:31

SI USTED HUBIERA SIDO UNO de los doce espías hebreos que Moisés envió a Canaán para averiguar cuales podían ser los peligros, ¿qué información daría hoy? Diez de los doce espías regresaron y dijeron: "Es una tierra de donde mana leche y miel, pero hay gigantes en la tierra. Moisés, nos veíamos como saltamontes. Son demasiado fuertes. Nunca los venceremos" (ver Nm. 13). En comparación con los gigantes, la imagen mental que ellos tenían de sí mismos era la de unos pequeños saltamontes indefensos. La batalla estaba perdida antes de comenzar.

Josué y Caleb tenían una opinión totalmente diferente: "Moisés, seremos capaces de poseer la tierra. Sí, hay gigantes allí, pero nuestro Dios es más grande. Por Él, *seremos capaces de lograrlo*. Vayamos de una vez y poseamos la tierra". Sean cuales sean los gigantes que usted enfrente, confiese también estas palabras.

"Si el Señor se agrada de nosotros, nos hará entrar en ella. ¡Nos va a dar una tierra donde abundan la leche y la miel! Así que no se rebelen contra el Señor, ni tengan miedo de la gente que habita en esa tierra. ¡Ya son pan comido! No tienen quién los proteja, porque el Señor está de parte nuestra. Así que, ¡no les tengan miedo!".
NÚMEROS 14:8–9

Diga: "Puedo hacerlo"

JOSUÉ Y CALEB VIERON GIGANTES en la Tierra Prometida, creyeron en Dios y se negaron a verse a sí mismos como saltamontes. Más bien se vieron como hombres de Dios, dirigidos y facultados por Él.

¡Qué gran verdad! Somos individuos "perfectamente capaces" porque nuestro Dios es muy poderoso. Dios quiere que seamos personas que dicen "puedo hacerlo", siempre listas, dispuestas y capaces de hacer lo que Él nos ordena. Expulse esos pensamientos negativos de su mente y véase como Dios lo ve. Reprograme su mente con la Palabra de Dios, cambie esa imagen derrotada y negativa de usted mismos y comience a verse como un ganador.

Cuide con quien anda

"No se dejen engañar: 'Las malas compañías corrompen las buenas costumbres".
1 CORINTIOS 15:33

¿CÓMO SE VE A USTED A SÍ MISMO? ¿Cómo una persona exitosa? ¿Saludable? ¿Optimista? ¿Feliz? ¿Considera que está siendo usado por Dios? ¿Se ve como una persona "perfectamente capaz" de hacer lo que Dios quiere que haga, fuerte en el Señor y su poder? ¿O ha adoptado una mentalidad de: "Jamás tendré éxito. Mis sueños nunca se harán realidad. Mi matrimonio está acabado. Tengo demasiadas deudas. Nunca saldré del hoyo en el que estoy"?

Cuídese de estar o de adoptar las actitudes de gente que, a través de su visión negativa y su falta de autoestima, le puede impedir recibir la grandeza que Dios tiene para usted. Dios quiere que logremos grandes cosas en la vida y Él ha puesto increíbles dones y talentos potenciales en nosotros para que lo hagamos.

"Con amor eterno te he amado; por eso te sigo con fidelidad".
JEREMÍAS 31:3

Reclame *lo que* le corresponde

MI PADRE FUE CRIADO EN UNA familia de algodoneros extremadamente pobre, que había perdido todas sus posesiones durante la Gran Depresión. A los diecisiete años, le entregó su corazón de Dios, y cuenta: "Tomé la decisión de que mis hijos y mi familia nunca vivirían las carencias con las que yo crecí". Buscó en las Escrituras para ver lo que Dios decía sobre él y comenzó a verse a sí mismo, no como el hijo sin futuro de un granjero, sino como el hijo del Dios Altísimo. Él se levantó entonces y rompió la maldición de pobreza en nuestra familia.

Es por ello que mi papá tomaba su Biblia cada servicio y decía: "Esta es mi Biblia, yo soy lo que ella dice que soy, y tengo lo que ella dice que tengo". Haga lo mismo esta mañana y se sorprenderá con lo que puede ocurrir.

Cíñase el cinturón de la aproba-ción de *Dios*

> *"Manténganse firmes, ceñidos con el cinturón de la verdad, protegidos por la coraza de justicia".*
> EFESIOS 6:14

ΕN EFESIOS 6:14, LA PALABRA DICE: "Ceñidos con el cinturón de la verdad". Cada mañana, independientemente de cómo nos sintamos o lo que hayamos hecho mal el día anterior, podemos levantarnos y decir: "Padre, te agradezco porque me perdonas. Te agradezco porque me apruebas y porque soy tu amigo".

Si hace esto, se sorprenderá con lo que empezará a suceder. La imagen que tiene de usted mismo cambiará. La pesada carga de culpa y condenación será retirada de sus hombros. Su alegría regresará. Pero eso no ocurre automáticamente; es algo que debemos hacer. Así como nos ponemos nuestra ropa cada mañana, necesitamos levantarnos y de forma consciente ceñirnos el cinturón de la aprobación de Dios.

"El justo vive confiado como un león".
PROVERBIOS 28:1

Confiado como un león

ℕO PERMITA QUE UNA NUBE NEGRA le siga a todas partes. Sacúdase ese sentimiento de indignidad. Usted puede estar batallando con muchas fallas, pero recuerde que Dios aún está trabajando en usted. Usted quizás no es aún todo lo que quiere ser, pero al menos puede agradecer a Dios porque no es lo que era antes. Deje de mirar lo que le falta por recorrer y observe lo que ha recorrido.

Dios ve aquello en lo que nos podemos convertir. Él no se enfoca en lo que somos hoy, sino en nuestras posibilidades y en lo que podemos ser, en un león confiado. Para Dios, somos diamantes en bruto. Quizás usted necesite ser pulido. Pero esté tranquilo, que todos la necesitamos. Dios seguirá trabajando en nosotros y convirtiéndonos en las persona que Él quiere que seamos.

Algo más grande

> *"Luego lo llevó a Jesús, quien mirándolo fijamente, le dijo: 'Tú eres Simón, hijo de Juan. Serás llamado Cefas' (es decir, Pedro)".*
> JUAN 1:42

CUANDO JESÚS LLAMÓ A SIMÓN POR primera vez, él era presumido, para todo tenía una opinión, era impulsivo y ególatra. ¿Por qué Dios lo escogió? Porque Dios ve el corazón. El hombre ve el exterior, pero Dios mira lo que la persona puede llegar a ser. Al cambiarle el nombre a Pedro, Jesús quiso decir: "Cuando yo termine contigo, serás algo mucho más grande".

De igual manera, Dios ha puesto en nosotros más de lo que podemos imaginar. Tenemos dones y talentos que nadie más tiene. Dios ha plantado semillas de grandeza en nosotros. ¿Por qué no dejamos de mirar lo que no podemos hacer y comenzamos a ver lo que Dios puede hacer? No importa el sitio donde estemos, lo que importa es el sitio a donde Dios nos puede llevar.

*"Ustedes, pueblo de Israel, son
en mis manos como el barro
en las manos del alfarero".*
JEREMÍAS 18:6

En *buenas* manos

UN DÍA, EL GRAN MAESTRO Miguel Ángel se encontraba trabajando en una enorme piedra con su cincel y su martillo, comenzando a esculpir una obra de arte. Él sabía que sería un proceso largo y fatigoso. Alguien vino y le dijo: "¿Por qué pierde su tiempo con esa fea roca?". A lo que Miguel Ángel respondió: "Puedo ver un hermoso ángel atrapado en esta roca, y haré mi mayor esfuerzo para dejarlo salir".

Y así es exactamente como Dios nos ve. Quizás sintamos que no somos más que un pedazo de roca inútil. Pero cuando Dios nos ve, Él ve un hijo o hija de gran valor, a quién creo a su imagen y semejanza. Él está cincelando los bordes toscos y antiestéticos, moldeándonos, formándonos, hasta sacar al ángel de la roca.

Haga *su* parte

> *"Porque por gracia ustedes han sido salvados mediante la fe; esto no procede de ustedes, sino que es el regalo de Dios".*
> EFESIOS 2:8

NUESTRO DIOS ES EL DIOS DE LAS segundas oportunidades. Él nos ama. Su aprobación no se basa en nuestros logros, sino únicamente en el hecho de que somos sus hijos y que Él ve lo mejor en nosotros. No hay nada que usted ni nadie más pueda hacer que pueda cambiar su valor ante los ojos de Dios.

Pero debemos hacer nuestra parte. Debemos dejar de analizar tanto nuestras fallas, dejar de llevar un inventario de todo lo que está mal con nosotros. Si cometemos errores, debemos pedir perdón y pasar la página. No se preocupe demasiado si no está cambiando tan rápido como le gustaría. Enfóquese en lo que puede llegar a ser, y Dios lo llevará al lugar donde necesite estar.

> *"Estoy convencido de esto: el que comenzó tan buena obra en ustedes la irá perfeccionando hasta el día de Cristo Jesús".*
> FILIPENSES 1:6

Una creación *muy* valiosa

ALGO QUE NOS AYUDA A VERNOS de la manera que Dios nos ve, es entender nuestro sentido de valor interno. Nuestro sentido de valor no se puede basar en nuestros éxitos o fracasos, en la forma en que alguien nos trate, o en lo populares que somos. No es algo que ganamos; en realidad no podemos ganarlo. Dios colocó valor dentro de nosotros cuando nos creó.

Como su creación única, usted tiene algo que ofrecer a este mundo que nadie más tiene, que nadie más puede dar. Su sentido de valor debe basarse solamente en el hecho de que usted es hijo del Dios Altísimo. Aprenda a ser feliz con la persona que Dios quiere que usted sea.

De
gloria
en *gloria*

*"Así, todos nosotros, que con el rostro
descubierto reflejamos como en un espejo
la gloria del Señor, somos transformados
a su semejanza con más y más gloria por
la acción del Señor, que es el Espíritu".*
2 CORINTIOS 3:18

*L*AS ESCRITURAS DICEN QUE "somos
hechura de Dios" (Ef. 2:10), lo cual im-
plica que somos "una obra en construcción". A lo largo de nuestras vidas, Dios
nos moldea continuamente para crear los
individuos que Él quiere que seamos. La
clave para el éxito es no desanimarnos
por nuestro pasado o nuestro presente.

Dios nos ama incondicionalmente.
Quizás no entendamos todo por lo que
estamos pasando en este momento. Pero
debemos mantener la cabeza en alto, sabiendo que Dios tiene el control y que
tiene un plan grandioso y un propósito
para nuestras vidas. Quizás sus sueños no
resultaron exactamente lo que usted deseaba, pero la Biblia dice que los caminos
de Dios son mejores que los nuestros.

"Ni lo alto ni lo profundo, ni cosa alguna en toda la creación, podrá apartarnos del amor que Dios nos ha manifestado en Cristo Jesús nuestro Señor".

ROMANOS 8:39

Un *valor* inmutable

*I*MAGÍNESE EN ESTE MOMENTO QUE le estoy dando un billete de cien dólares totalmente nuevo. ¿Lo querría? ¡Probablemente sí! Si yo lo arrugara, aún lo querría. Y si yo lo tirara al suelo y lo pisara hasta que la foto impresa en él fuera apenas perceptible, aún lo querría, porque usted sabe que un billete de cien dólares maltratado aún vale cien dólares.

Así es como Dios nos ve. Todos atravesamos retos y luchas. A veces nos sentimos como el billete de cien dólares arrugado y pisoteado. Pero, de hecho, nunca perderemos nuestro valor, que fue colocado en nosotros por el Creador del universo. Nadie nos puede quitar eso.

Verdaderos hijos de Dios

"Aunque mi padre y mi madre me abandonen, el Señor me recibirá en sus brazos".
SALMO 27:10

ES POSIBLE QUE USTED HAYA sufrido algunas experiencias traumáticas y dolorosas en las cuales alguien le maltrató, le utilizó o le rechazó. Quizás su cónyuge le abandonó, o un buen amigo lo traicionó sin razón. Quizás usted se siente rechazado como un niño, y vive con sentimientos de tristeza, dolor, culpa y condenación. Quizás se ha convencido que las cosas negativas que ocurrieron en su pasado son culpa suya.

Amigo mío, nada más lejos de la verdad. No puede permitir que su autoestima y su valor personal sean determinados por la manera en que los demás lo tratan. Dios nos acepta aunque todas las personas de este mundo nos rechacen. Él nos toma y nos adopta como sus hijos verdaderos.

"Me sacó de la fosa de la muerte, del lodo y del pantano; puso mis pies sobre una roca, y me plantó en terreno firme. Puso en mis labios un cántico nuevo, un himno de alabanza a nuestro Dios. Al ver esto, muchos tuvieron miedo y pusieron su confianza en el Señor".

SALMO 40:2-3

Entone un cántico *nuevo*

QUIZÁS USTED VIVE O TRABAJA con alguien que siempre lo desprecia y lo critica. Deje que esa opinión le entre por un oído y le salga por el otro. Recuérdese constantemente que usted fue creado a la imagen del Dios Altísimo y coronado con gloria y honor. No permita que los demás jueguen con su mente, y le lleven a pensar erróneamente que su valor ha disminuido.

Dios quiere poner un cántico nuevo en su corazón; Él quiere llenarle de esperanza. Él quiere que usted sepa que Él le ama más de lo que usted puede imaginar, y que Él puede transformar sus sueños frustrados en algo hermoso.

Cambie sus expectativas

"Por la mañana, Señor, escuchas mi clamor; por la mañana te presento mis ruegos, y quedo a la espera de tu respuesta".
SALMO 5:3

*N*UESTRAS EXPECTATIVAS TIENEN un poder tremendo en nuestras vidas. No siempre tenemos lo que merecemos en la vida, pero normalmente no obtenemos más de lo que esperamos: recibimos lo que creemos. Desafortunadamente, este principio funciona con igual poder tanto en el aspecto negativo como en el aspecto positivo. Mucha gente espera derrota y fracaso, y eso es lo que normalmente recibe.

Pero podemos creer en las cosas buenas con la misma facilidad con la que creemos en las malas. El secreto es esperar cosas buenas de Dios. Cuando atraviese momentos difíciles, pídale sabiduría a Dios y cambie sus expectativas. Aunque se mueva el suelo a sus pies, su actitud debe ser: *Dios, sé que vas a usar esto para mi bien. Creo que al salir de esto me harás una persona más fuerte que nunca.*

"Si ustedes no creen en mí, no permanecerán firmes".
ISAÍAS 7:9

Firmes en la fe

ᗪEBEMOS ENTENDER QUE DIOS NOS ayudará en la vida, pero somos nosotros quienes tomamos la decisión final. Si escogemos concentrarnos en los elementos negativos de nuestra vida, si nos concentramos en lo que no podemos hacer y en lo que no tenemos, entonces aceptamos la derrota por nuestra propia decisión. En ese caso, conspiramos con el enemigo abriéndole la puerta y permitiendo que los pensamientos, palabras, acciones y actitudes destructivas dominen nuestra vida.

No obstante, si hacemos un pacto con Dios y nos concentramos en nuestras posibilidades, nuestra fe puede hacer que Dios venga y haga cosas sobrenaturales en nuestra vida. Pero es nuestra decisión. Depende de nuestra perspectiva. Analice esto: usted es hoy lo que creía ser el día de ayer. Y mañana será lo que crea ser hoy.

Conviértase en lo que cree

"'Lo que es imposible para los hombres es posible para Dios', aclaró Jesús".
LUCAS 18:27

QUIZÁS ESTA MAÑANA USTED esté diciendo: "Joel, no quiero aumentar mis expectativas. He orado. He hecho todo lo que sé hacer y nada ha cambiado. Si yo no aumento mis expectativas y nada bueno me sucede, al menos no me sentiré decepcionado".

Amigo, usted *debe* aumentar sus expectativas o no tendrá fe. Fíjese en la fascinante historia de los dos hombres ciegos que escucharon que Jesús estaba pasando. Cuando Jesús escuchó sus gritos por misericordia, hizo una pregunta intrigante: "¿Creen que puedo sanarlos?" (Mt. 9:28). Jesús quería saber si ellos tenían fe verdadera. Los hombres ciegos contestaron, "Sí, Señor, lo creemos". Luego la Biblia dice: "[Jesús] entonces les tocó los ojos y les dijo: 'Se hará con ustedes conforme a su fe'" (v. 29). ¡Qué declaración más poderosa de fe! *¡Usted se convertirá en lo que cree!*

"[Dios dijo a Abraham] 'Haré de ti una nación grande, y te bendeciré; haré famoso tu nombre, y serás una bendición'".
GÉNESIS 12:2

De acuerdo con *su* fe

En MATEO CAPÍTULO 9, LUEGO DE que los dos ciegos le dijeron a Jesús que sí creían, y Él pudo sanarlos, la Biblia dice que "les tocó los ojos y les dijo: Se hará con ustedes conforme a su fe. Y recobraron la vista" (vv. 29–30). Note que fue su fe fue lo que los sanó.

¿En qué cree usted? ¿Cree que ascenderá en la vida, que se elevará por encima de sus obstáculos y vivirá sano, en abundancia y en victoria? Llegamos a ser lo que creemos. No necesitamos saber cómo Dios va a resolver nuestros problemas o hacer que nuestros sueños se hagan realidad. Esa es la responsabilidad de Dios, nuestro trabajo, es creer. Nuestra fe nos ayudará a superar los obstáculos.

Una vida llena de *amor*

"Tú les das, y ellos recogen; abres la mano, y se colman de bienes".
SALMO 104:28

CUANDO LAS CIRCUNSTANCIAS SE ponen difíciles, algo que ocurre con frecuencia, debemos seguir creyendo en Dios. Cuando llegue el desánimo, o cuando las personas le digan que sus sueños nunca se harán realidad, recuerde firmemente que Dios está abriendo las puertas de las oportunidades para usted.

Dios no quiere que nos arrastremos por la vida, apenas sobreviviendo. Atrévase hoy a creer que Dios le tiene preparadas grandes cosas. Atrévase a creer que Él le ayudará a tener un matrimonio mejor, mejor salud, progreso y abundancia. Dios quiere que usted tenga una buena vida, una vida llena de amor, gozo, paz y satisfacciones. Eso no significa que siempre será fácil. Dios hace que todas las cosas trabajen juntas para el bien de quienes los aman (Ro. 8:28).

"El brazo del Señor no es demasiado débil para no salvarlos, ni su oído demasiado sordo para no oír su clamor".
ISAÍAS 59:1 (NTV)

Mantenga la *esperanza* viva

QUIZÁS USTED HA ATRAVESADO situaciones negativas indescriptibles, al punto de que ha abandonado sus sueños. Está a la deriva en la vida, aceptando cualquier cosa que reciba. Quizás siente la tentación de decir: "He estado viviendo así durante demasiado tiempo. Nunca podré vivir mejor. He orado, he creído, he hecho todo lo que sé hacer. Pero nada ha funcionado. Mi vida es un enorme desastre, imposible de reparar. Sería como separar unos huevos revueltos". Y es verdad. ¡Pero Dios puede tomar los huevos revueltos y preparar un fantástico omelet!

Amigo mío, sin fe es imposible agradar a Dios ni ver su poder revelado en nuestras vidas. No importa cuántos reveces hayamos vivido, Dios tiene un plan grandioso para cada uno de nosotros. Mantengamos la esperanza viva y nunca abandonemos nuestros sueños.

Pelee la buena batalla

"No prevalecerá ninguna arma que se forje contra ti; toda lengua que te acuse será refutada. Esta es la herencia de los siervos del Señor, la justicia que de mí procede, afirma el Señor".
ISAÍAS 54:17

*N*O TENGA LA MENOR DUDA DE que habrá oposición en su vida, habrá armas apuntándole y serán poderosas y aterradoras. Pero usted ellas no serán un obstáculo, usted obtendrá victoria. Las Escrituras dicen: "Muchas son las angustias del justo, pero el Señor lo librará de todas ellas" (Sal. 34:19).

Cuando las cosas se ponen difíciles o no salen según lo esperado, mantenga su confianza en alto. La Biblia dice que cuando hayamos hecho todo lo que sabemos hacer, solo debemos permanecer firmes. Siga orando, siga creyendo, siga entonando alabanzas. Siga peleando la buena batalla. Si lo hace, Dios le promete que saldrá victorioso.

"Por la fe salió de Egipto sin tenerle miedo a la ira del rey, pues se mantuvo firme como si estuviera viendo al Invisible".
HEBREOS 11:27

Ver lo invisible

EL MUNDO NOS DICE: "HAY QUE VER para creer", pero Dios dice: "La fe es la garantía de lo que se espera, la certeza de lo que no se ve" (He. 11:1). Solo creyendo, lo veremos en realidad. Después de verlo con los ojos de la fe, se puede hacer realidad en el mundo físico.

Esta mañana, comience a creer que lo que usted ha deseado sucederá, que cosas buenas están por venir. Quizás tenga todo tipo de problemas, y desde el punto de vista material pareciera que nada se va a solucionar. Pero no se desanime. Vea ese mundo invisible, el mundo sobrenatural y, a través de los ojos de la fe, vea como esa situación se resuelve. Vea cómo se restauran su gozo y su paz.

El *secreto* de la promesa

"Por eso, Sara se rió y pensó: '¿Acaso voy a tener este placer, ahora que ya estoy consumida y mi esposo es tan viejo?'".
GÉNESIS 18:12

CUANDO ISAAC NACIÓ, HABÍAN pasado casi veinte años desde que Dios le había prometido a Abraham que él y su esposa Sara tendrían un hijo. Cuándo Sara escuchó la promesa, ella y Abraham tenían casi cien años, y se ella rió. Seguramente dijo: "Abraham, eso es imposible. Soy una anciana". Sin embargo, Sara quedó encinta. ¿Qué cambió? Estoy convencido de que el secreto para que la promesa se cumpliera era que Sara lo creyera en su corazón, antes de poder quedar encinta. Y yo creo que la razón principal por la que Isaac no nació antes fue simplemente el hecho de que Sara no podía verlo con los ojos de la fe.

¿Está una promesa de Dios a la espera de que usted la crea para hacerse realidad?

"Yo he venido para que tengan vida, y la tengan en abundancia".
JUAN 10:10

Abundancia en la vida

CUANDO USTED LEE LA PROMESA de Jesús en Juan 10, ¿lo primero que le viene a la mente son las razones por las que eso no le puede ocurrir a usted? "Dios, hay demasiadas cosas malas en mi vida para siquiera soñar con vivir una vida normal. No tengo dones, y nunca me gradué en la universidad, así que no podré llegar a ser próspero. Soy demasiado viejo. Soy demasiado joven. Soy del sexo equivocado. Mi piel es del color equivocado". Todo ese tiempo Dios ha estado tratando de plantar la semilla de la victoria dentro de nosotros. Él está tratando de que lo concibamos en nuestros corazones a través de la fe, para que se haga realidad.

Amigo mío, Dios no está limitado por las leyes de la naturaleza. Si dejamos que esa semilla eche raíces y crezca, poniendo nuestra confianza en el Señor, Dios hará lo imposible.

El *precio* fue pagado

"El ladrón no viene más que a robar, matar y destruir; yo he venido para que tengan vida, y la tengan en abundancia".
1 CORINTIOS 7:23

*H*ABÍA UNA VEZ UN HOMBRE QUE estaba atravesando el mar Atlántico en un crucero, pero que nunca comía en el comedor del barco. En vez de hacerlo, se iba a una esquina y comía de las galletas con queso que había traído consigo. Cuando el viaje estaba por finalizar, otro hombre le preguntó: "¿Por qué no viene al salón de banquetes y come con nosotros?". El rostro del viajero se ruborizó de vergüenza: "Bueno, a decir verdad, solo tenía dinero para comprar el boleto". El otro pasajero le dio la mano y le dijo: "Señor, ¡las comidas estaban incluidas en el precio del boleto!".

Muchos de nosotros nos estamos perdiendo de los mejores regalos de Dios. Estamos sobreviviendo a base de queso y galletas, cuando Dios ha puesto mucho más a nuestra disposición, a través de Cristo.

"Prueben y vean que el Señor es bueno; dichosos los que en Él se refugian".
SALMO 34:8

Venga al *banquete*

*M*UCHOS VIVIMOS LA VIDA CON una "mentalidad de lombriz". Cada vez que decimos: "No puedo hacerlo, no cumplo con los requisitos", nos estamos conformando a eso. Cuando permitimos que el miedo, la preocupación o la ansiedad nos controlen, nos estamos dejando llevar por la mentalidad de lombriz.

Es hora de pasar a la mesa de Dios y disfrutar el estupendo banquete que Él ha preparado para nosotros, un banquete completo y con cualquier cantidad de cosas buenas que podamos imaginar. Dios tiene todo lo que necesitamos: gozo, perdón, restauración, paz, sanidad, y cualquier otra cosa que necesitemos para vivir plenamente. Todo eso nos espera en la mesa del banquete de Dios, si tomamos el lugar que Él ha preparado para nosotros. Y lo mejor de todo, es que el precio ya fue pagado.

Los ojos de la *fe*

"Alabado sea Dios, Padre de nuestro Señor Jesucristo, que nos ha bendecido en las regiones celestiales con toda bendición espiritual en Cristo".
EFESIOS 1:3

*U*NO DE LAS VENTAJAS MÁS importantes de vernos como Dios nos ve, tiene que ver con el desarrollo de una mentalidad de prosperidad. Debemos entender que Dios ya nos ha equipado con todo lo que necesitamos para vivir una vida de prosperidad y cumplir con nuestro destino divino. Él plantó "semillas" dentro de nosotros llenas de posibilidades, un potencial increíble, ideas creativas y sueños. Pero debemos empezar a aprovecharlas.

Debemos creer, sin sombra de duda, que somos capaces. Dios nos creó para ser excelentes y Él nos ha dado habilidades, entendimiento, talentos, sabiduría y su poder sobrenatural para hacerlo. Hoy Dios tiene todo lo que usted necesita. Entre en el gozo del Señor y sea fiel en usar todo lo que Él le ha dado.

"Sin embargo, en todo esto somos más que vencedores por medio de aquel que nos amó".

ROMANOS 8:37

Más que vencedores

𝒩OTE QUE EL APÓSTOL PABLO NO dice que nos convertiremos en vencedores, sino que somos más que vencedores *ahora*. Si usted comienza a actuar como tal, a hablar como tal, a verse a sí mismo como más que vencedor, vivirá una vida próspera y victoriosa. Ya el precio para disfrutar del gozo, la paz y la felicidad fue pagado.

Comience a ver a través de los ojos de la fe, y visualícese a sí mismo llegando a nuevos niveles. Véase prosperando y mantenga esa imagen en su corazón y su mente. Quizás actualmente viva en la pobreza, pero no permita que la pobreza viva en usted. La Biblia nos enseña que Dios se complace en hacer prosperar a sus hijos. Cuando los hijos de Dios prosperan espiritual, física y materialmente, su progreso produce placer en Dios.

Honre su gran Nombre

> *"Así que mi Dios les proveerá de todo lo que necesiten, conforme a las gloriosas riquezas que tiene en Cristo Jesús".*
> FILIPENSES 4:19

MI PADRE FUE CRIADO CON UNA "mentalidad de pobreza" y, durante muchos años de su ministerio, pensó que le estaba haciendo un favor a Dios permaneciendo pobre. Dios trató de bendecirlo y hacerlo progresar, pero él no pudo recibir esas bendiciones. Tiempo después, mi padre aprendió que, como hijos de Dios, debemos vivir una vida en abundancia; y que incluso debemos esperar recibir esas bendiciones. De hecho, es igual de importante aprender a recibir una bendición como lo es estar dispuesto a darla.

Si usted viera a mis hijos con ropas sucias y rotas y sin zapatos, su pobreza sería un reflejo de mí como su padre. De forma similar, cuando lo que reflejamos al mundo es una mentalidad de pobreza, no honramos el gran Nombre de Dios. Él quiere satisfacer todas nuestras necesidades, ¡y lo hará!

"Mefiboset se inclinó y dijo: '¿Y quién es este siervo suyo, para que su Majestad se fije en él? ¡Si no valgo más que un perro muerto!'".

2 SAMUEL 9:8

¿Cuán bajo podemos caer?

SERÍA UNA TRAGEDIA IR POR LA vida como un hijo de Rey ante los ojos de Dios, pero como un pobre indigente a nuestros propios ojos. Precisamente eso fue lo que le pasó a Mefiboset después de que su abuelo el rey Saúl y su padre Jonatán, murieran en batalla. Cuando huía del palacio, Mefiboset quedó lisiado como resultado de una caída y fue llevado a Lodebar, una ciudad pobre donde vivió en un terrible estado. Años después, David, quien remplazó a Saúl en el trono, ordenó que Mefiboset fuera llevado a vivir en el palacio y tratado como parte de la realeza.

A pesar de ser parte de la realeza y del hecho de que su padre estaba en una relación de pacto con David, Mefiboset siguió siendo pobre porque se veía a sí mismo como un marginado. Su vida fue transformada, pero perdió muchos años valiosos.

Pacto de *amor*

> *"El rey David averiguó si había alguien de la familia de Saúl a quien pudiera beneficiar en memoria de Jonatán".*
> 2 SAMUEL 9:1

MEFIBOSET ERA EL HIJO DEL REY, pero su visión de sí mismo le impedía recibir los privilegios que le pertenecían por derecho. ¿Está usted está haciendo algo parecido? ¿Es su autoimagen tan diferente de la manera en que Dios lo ve que se está perdiendo lo mejor de Dios? Dios lo ve como un campeón, pero tal vez usted se ve a sí mismo como un perro muerto.

Quizás usted ha sido lastimado o ha tomado algunas decisiones equivocadas en la vida. Pero si usted se ha arrepentido sinceramente y ha intentado actuar correctamente desde entonces, no tiene por qué seguir viviendo con culpa y vergüenza. Quizás usted está lisiado desde el punto de vista físico, espiritual o emocional. Eso no cambia su pacto con Dios. Usted sigue siendo un hijo del Dios altísimo. Sea valiente y reclame lo que le pertenece.

"Dispones ante mí un banquete en presencia de mis enemigos. Has ungido con perfume mi cabeza; has llenado mi copa a rebosar".
SALMO 23:5

La *mesa* está servida

¿CÓMO SE SENTIRÍA USTED SI preparara una cena deliciosa y colocara la comida sobre la mesa, pero al llegar sus hijos ellos se negaran a sentarse a la mesa y se metieran debajo de ella a esperar que caigan la migajas? Por alguna razón, no se sienten lo suficientemente buenos para sentarse en la mesa y disfrutar de la comida, al igual que de su compañía.

¿Usted quiere hacer feliz a su Padre celestial? Entonces vaya a la mesa y disfrute de sus bendiciones. No tiene por qué vivir lleno de culpa y condenación. No tiene por qué ir por la vida lleno de miedo y preocupación. El precio fue pagado. Venga al salón de banquetes y tome el lugar que le corresponde como hijo de Dios.

Sin fingimientos

"No se amolden al mundo actual, sino sean transformados mediante la renovación de su mente. Así podrán comprobar cuál es la voluntad de Dios, buena, agradable y perfecta".
ROMANOS 12:2

ALGUNAS PERSONAS SON extrovertidas y enérgicas, otras son más tímidas y retraídas. A algunos les gusta vestirse de traje y corbata, otros se sienten más cómodos en bluyín. Algunos cierran los ojos y levantan las manos cuando alaban a Dios; otros alaban a Dios de una forma más moderada. ¡Y a Dios le gustan todas estas formas!

No piense que usted tiene que encajar en el molde de alguien más, ni se decepcione cuando alguien no encaje en su molde. La actitud debe ser: *Me siento seguro como soy. No andaré por la vida fingiendo, deseando ser alguien diferente, tratando de encajar en el molde de otros.*

"Cada cual examine su propia conducta; y si tiene algo de qué presumir, que no se compare con nadie. Que cada uno cargue con su propia responsabilidad".
GÁLATAS 6:4-5

Atrévase a ser *feliz*

ESTA MAÑANA, ATRÉVASE A SER feliz con lo que usted es. Muchos problemas sociales, físicos y emocionales provienen del hecho de que las personas no se quieren a sí mismas. No están contentos con su aspecto, ni con su forma de hablar, ni con su forma de actuar. No les gusta su personalidad. Siempre se están comparando con otros, deseando ser alguien diferente.

Usted fue creado para ser usted mismo. Si Dios hubiese querido que usted luciera como alguien más, lo hubiese hecho lucir como alguien más. Si Dios hubiese querido que usted tuviera una personalidad diferente, Él le habría dado esa personalidad. Debemos ser felices con lo que Dios hizo de nosotros, y dejar de desear ser una persona diferente.

Seamos originales

"Siempre tengo presente al Señor; con Él a mi derecha, nada me hará caer".
SALMO 16:8

Ninguno de nosotros fue creado para imitar a otra persona. Dios no quiere un montón de clones. A Él le gusta la variedad y no debemos dejar que otros nos presionen o nos hagan sentir mal con nosotros mismos por no llenar su ideal de lo que debemos ser. No necesitamos la aprobación de los demás. Dios nos ha dado dones, talentos y personalidades diferentes a propósito. Si vivimos tratando de ser como otros, no solo nos rebajamos, sino que nos privamos de nuestra identidad única.

Sea original, no una copia. Atrévase a ser diferente. Siéntase confiado en lo que Dios quiere que sea y luego salga y sea lo mejor que pueda ser. Si corre la carrera y da lo mejor de usted mismo, podrá sentirse bien con lo que es.

"¿No saben que en una carrera todos los corredores compiten, pero solo uno obtiene el premio? Corran, pues, de tal modo que lo obtengan".
1 CORINTIOS 9:24

Corra *su* propia carrera

UNA VEZ ESCUCHÉ A UN MINISTRO decir que se levantaba todos los días a las cuatro de la mañana y oraba durante dos horas. Mi primera reacción fue: "Oh, guao. Yo no oro durante dos horas, ni me levanto tan temprano". ¡Cuanto más pensaba en ello, peor me sentía! Finalmente, tuve que decir: "Eso debe funcionarle a él, ¡pero a mí no! Voy a correr mi carrera y no me compararé con otros".

Dios tiene un plan individual para cada uno de nosotros. Si cometemos el error de tratar de copiar a otras personas, desperdiciaremos mucho tiempo y energía. Peor aún, nos podemos perder las cosas buenas que Dios quiere que hagamos.

Viva
para
agradar
a Dios

> "*En realidad, Dios da sabiduría, conocimientos y alegría a quien es de su agrado; en cambio, al pecador le impone la tarea de acumular más y más, para luego dárselo todo a quien es de su agrado. Y también esto es absurdo; ¡es correr tras el viento!*".
> ECLESIASTÉS 2:26

DIOS LE HA DADO LA BENDICIÓN de hacer lo que Él le ha llamado a hacer. Él no le ha dado la bendición de hacer lo que todos los demás están haciendo. Cuídese, y deje de ver lo que los demás hacen. Hágalo lo mejor que pueda, sin importar si obtiene el gran ascenso o no, si está a la altura o fracasa estrepitosamente. Si lo hace, puede mantener su cabeza en alto.

Ciertamente usted enfrentará una enorme presión de hacer lo que los demás están haciendo, de tratar de complacer a todo el mundo y llenar todas las expectativas. Debemos aceptar el hecho de que no todo el mundo estará de acuerdo con todas las decisiones que tomemos. Pero no tenemos que complacer a los demás. Solo necesitamos complacer a Dios.

"La guerra se hace con buena estrategia; la victoria se alcanza con muchos consejeros".
PROVERBIOS 24:6

Busque el consejo *sabio*

SI DEBE TOMAR DECISIONES difíciles, es de gran ayuda buscar el consejo de alguien a quien usted respete. Debemos estar siempre dispuestos a escuchar consejos. Pero después de que hayamos orado por algo y considerado todas las opciones, debemos ser lo suficientemente valientes para tomar la decisión que sea correcta para nosotros. Si tratamos de complacer a todo el mundo nos traicionamos a nosotros mismos. Podemos estar tratando de ser algo que no somos, y corremos el riesgo de perdernos lo mejor que Dios tiene para nosotros.

Asegúrese de aquellos que le den consejos cuenten con su respeto, como una fuente de sabiduría. Pero después es necesario que siga a su corazón, a la luz de la Palabra de Dios, y que haga lo que sienta que es correcto y bueno para usted.

Es hora de *brillar*

"Ya te lo he ordenado: ¡Sé fuerte y valiente! ¡No tengas miedo ni te desanimes! Porque el Señor tu Dios te acompañará dondequiera que vayas".
JOSUÉ 1:9

CUANDO MOISÉS MURIÓ, DIOS escogió a Josué para reemplazarlo como líder de su pueblo. Dios le dijo a Josué: "Así como estuve con Moisés, también estaré contigo; no te dejaré ni te abandonaré" (Jos. 1:5). Note que Dios no dijo: "Josué, sé cómo Moisés y todo estará bien". No, Dios le dijo a Josué: "Sé la persona que yo te hice ser y tendrás éxito".

Y eso es lo único que Él espera de nosotros. Quizás tengamos algunas fallas, algunos aspectos que Dios esté refinando. Pero recordemos que Dios está en proceso de cambiarnos. Si escogemos ser felices con lo Dios nos hizo ser y tomamos hoy la decisión de ser lo mejor que podamos, Dios derramará su favor sobre nuestras vidas.

Pero ahora, así dice el Señor, el que te creó, Jacob, el que te formó, Israel: 'No temas, que yo te he redimido; te he llamado por tu nombre; tú eres mío".

ISAÍAS 43:1

No copiemos a nadie

CUANDO ME CONVERTÍ EN EL pastor titular de la iglesia Lakewood, me preocupaba la aceptación que tendría. Después de todo, mi padre había ocupado ese cargo durante cuarenta años, y su estilo y personalidad eran muy diferentes a los míos. Él era un orador apasionado, yo soy mucho más moderado. Una noche, le pregunté a Dios: "¿Debería tratar de ser más como mi padre? ¿Debería copiar su estilo?" Pero el Señor me habló profundamente al corazón y me dijo: "Joel, no copies a nadie. Sé como yo te creé. No quiero un duplicado de tu padre, quiero un producto original". ¡Esa verdad me liberó!

Si usted está tratando de ser lo que todos quieren que sea, es hora de parar. Sea simplemente usted.

El *poder* de los pensamientos y las palabras

> "La mentalidad pecaminosa es muerte, mientras que la mentalidad que proviene del Espíritu es vida y paz".
> ROMANOS 8:6

*U*NO DE LOS PASOS MÁS PODEROSOS para vivir en nuestro máximo potencial es descubrir el poder de nuestros pensamientos y palabras. Muchas personas no alcanzan su máximo potencial porque sus patrones de pensamiento son defectuosos. No podemos tener pensamientos negativos y esperar vivir una vida positiva.

Dejemos de albergar pensamientos negativos. No magnifiquemos nuestros problemas. Magnifiquemos a Dios. Cuanto más grande hacemos a Dios, más pequeños se vuelven nuestros problemas. Dejemos de concentrarnos en las cosas malas que hay en nuestras vidas y comencemos a concentrarnos en aquello que está bien. Aprendamos a centrarnos en nuestras posibilidades, en lo que podemos hacer con nuestro potencial.

"¡Tú guardarás en perfecta paz a todos los que confían en ti; a todos los que concentran en ti sus pensamientos!".
ISAÍAS 26:3 (NTV)

Batallas en la mente

ESTÉ USTED CONSCIENTE DE ELLO o no, existe una guerra a su alrededor, y es una batalla por su mente. El principal objetivo del enemigo son sus pensamientos. Si él puede controlar como usted piensa, podrá controlar su vida entera. De hecho, los pensamientos determinan las acciones, las actitudes y la imagen propia. En realidad, los pensamientos determinan nuestro destino. Es por ello que la Biblia nos advierte que guardemos nuestros pensamientos.

No comience su día de manera neutral. Dirija esta mañana su mente en la dirección correcta, como dice el salmista: "Este es el día que el Señor ha hecho, y seré feliz. Saldré y seré productivo. Hoy será un gran día". Magnifique a su Dios y salga cada día esperando cosas buenas.

El *éxito* empiezaen la mente

"Y dijo Jahaziel: 'Escuchen, habitantes de Judá y de Jerusalén, y escuche también su Majestad. Así dice el Señor: No tengan miedo ni se acobarden cuando vean ese gran ejército, porque la batalla no es de ustedes sino mía'".
2 CRÓNICAS 20:15

CADA MAÑANA, CUANDO SE levante, programe su mente para el éxito. Casi como un imán, nosotros atraemos lo que pensamos constantemente, y nuestra mente se convierte en un campo de batalla. Si tenemos pensamientos depresivos y negativos, así seremos. Si tenemos pensamientos felices, gozosos y positivos, eso reflejará nuestra vida y atraeremos a otras personas optimistas y positivas.

Nos sentiremos de la misma forma en que pensemos. No podemos esperar sentirnos felices si no tenemos pensamientos de felicidad. De la misma manera, es imposible estar desanimados si no tenemos primero pensamientos de desánimo. Gran parte del éxito y el fracaso de la vida comienza en la mente.

"Ya que han resucitado con Cristo, busquen las cosas de arriba, donde está Cristo sentado a la derecha de Dios".
COLOSENSES 3:1

Cambie primero sus pensamientos

A VECES ESCUCHO A ALGUNOS decir: "Nunca, pero nunca, me pasa nada bueno. Sabía que no obtendría esa promoción". Desafortunadamente, quienes piensan así reciben exactamente lo que esperan. "Pero usted no entiende—puede que diga—. Mi salud se está desmoronando" o "Mi matrimonio no es lo que solía ser", o "Estoy teniendo muchos problemas económicos".

Amigo, su vida no cambiará hasta que cambie su actitud. Puede que sus circunstancias sean negativas el día de hoy, pero no cometa el error de concentrarse en eso. Debe hacer que su mente se mueva en una dirección nueva, positiva. No espere a ver qué clase de día será; decida que será un día positivo. ¡Programe su mente desde ahora!

Piense en *sus* pensamientos

"La actitud de ustedes debe ser como la de Cristo Jesús".
FILIPENSES 2:5

*L*A VIDA NO ES FÁCIL. TODOS fracasamos ocasionalmente y nos desanimamos, pero no debemos permanecer allí. Podemos escoger nuestros pensamientos. Nadie nos puede hacer pensar de cierta manera. Si usted no es feliz, nadie lo obliga a ser infeliz. Si usted es negativo y tiene una mala actitud, nadie lo coacciona para que sea sarcástico o taciturno. Usted decide en qué ocupa su mente.

Solo porque el enemigo plante un pensamiento negativo en su mente no significa que usted acariciará ese pensamiento y lo ayudará a crecer. Pero si lo hace, ese pensamiento afectará sus emociones, sus actitudes y con el tiempo sus actos. Usted estará mucho más propenso al desánimo y a la depresión, y si continúa reflexionando en ese pensamiento negativo, minará su energía y su fuerza. Escoja creer que Dios es más grande que sus problemas.

"Pon en manos del Señor todas tus obras, y tus proyectos se cumplirán".
PROVERBIOS 16:3

Rechace la basura

*N*UESTRA MENTE SE PARECE A UNA computadora, en el sentido de que el cerebro almacena cada pensamiento que hemos tenido en la vida. Eso es bueno cuando estamos tratando de encontrar las llaves de nuestro automóvil, pero no tanto considerando la cantidad de pensamientos sucios y obscenos, conceptos mundanos, y demás cosas negativas que nos inundan a diario. Sin embargo, el solo hecho de que un pensamiento destructivo esté almacenado en nuestra computadora mental no significa que debemos sacarlo del archivo y visualizarlo en la pantalla principal de nuestra mente.

¿En qué está permitiendo que su mente se concentre? ¿Piensa en cosas negativas constantemente? La manera en la que ve la vida marcará toda la diferencia en el mundo, ¡especialmente para usted!

Viva *sin* excusas

"Concéntrense en todo lo que es verdadero, todo lo honorable, todo lo justo, todo lo puro, todo lo bello y todo lo admirable. Piensen en cosas excelentes y dignas de alabanza".

FILIPENSES 4:8 (NTV)

DEBEMOS ASUMIR LA responsabilidad por nuestros pensamientos y actos. Mientras sigamos poniendo excusas y culpando a nuestros genes, a nuestro ambiente, a las relaciones pasadas o a otras personas, a nuestras circunstancias; o echándole la culpa a Dios, a satanás, a cualquiera, o a cualquier cosa; nunca estaremos libres ni sanos emocionalmente. En gran medida, nosotros podemos controlar nuestro destino.

No son sus problemas los que lo derrotan, son los *pensamientos* que tiene acerca de sus problemas. Es posible estar en medio de las mayores batallas de la vida y aun así estar llenos de gozo, paz y victoria. Solo debemos aprender a escoger los pensamientos correctos. Llene su mente con la Palabra de Dios.

*"Porque cual es su pensamiento
en su corazón, tal es él".*
PROVERBIOS 23:7 (RVR1960)

Como *piense*, así será

ᴇS POCO REALISTA PRETENDER que nada malo nos sucederá. A la gente buena le ocurren cosas malas. Aparentar no es la respuesta, ni hacer juegos semánticos para tratar de parecer más espirituales. Si usted se encuentra enfermo, admítalo, pero piense constantemente en su Sanador. Si su cuerpo está cansado, si su espíritu está desgastado, está bien, pero enfoque sus pensamientos en el Único que ha prometido que "los que confían en el Señor tendrán siempre nuevas fuerzas" (Is. 40:31, DHH).

Jesús dijo: "En el mundo tendréis sufrimientos; pero ¡ánimo!, yo he vencido al mundo" (Jn. 16:33). Él no decía que no tendríamos problemas, Él decía que cuando los tuviéramos tendríamos la libertad de escoger nuestras reacciones. Podemos elegir creer y confiar en las promesas de la Palabra de Dios.

Proyectado hacia la *grandeza*

> *"Nada debe angustiaros; al contrario, en cualquier situación, presentad a Dios vuestros deseos, acompañando vuestras oraciones y súplicas con un corazón agradecido. Y la paz de Dios, que desborda toda inteligencia, guardará vuestros corazones y vuestros pensamientos por medio de Cristo Jesús".*
> FILIPENSES 4:6–7

SI NOS VAMOS A CONVERTIR EN todo lo que Dios quiere que seamos, debemos ganar la batalla en nuestra propia mente. No podemos sentarnos relajadamente y esperar a que esta nueva persona aparezca de repente. Si no esperamos ser exitosos, jamás lo seremos. Si tenemos pensamientos de mediocridad, estaremos destinados a vivir una vida promedio.

Pero cuando alineemos nuestros pensamientos con los de Dios y comencemos a confiar en las promesas de su Palabra, saldremos disparados hacia la grandeza, y eso se vinculará inevitablemente con la abundancia, el crecimiento y las bendiciones sobrenaturales de Dios.

> *"Lo que más temía me sale al paso, lo que más me aterraba me acontece".*
> JOB 3:25

No le dedique ni un pensamiento al miedo

*L*A HISTORIA DE JOB NOS ENSEÑA muchas lecciones, pero un principio especialmente poderoso es revelado al comienzo de las calamidades que sufrió este buen hombre. Él se lamentaba de que lo que él temía, se había hecho realidad. Cuando las personas buenas le dan la razón al enemigo, este se gana el derecho de hacer realidad las cosas malas. Cuando alguien repite una letanía de ideas temerosas, tales como: "Tengo miedo de que mi negocio jamás prospere" o "Me temo que padeceré cáncer", le están dando entrada al diablo en sus vidas.

Reconozca lo que esos pensamientos y palabras están haciendo. En vez de caer en la trampa, deténgase y diga: "¡Ya no más! Hoy ha cambiado la dirección de la batalla. Esa maldición ha sido rota. Se rompe justo aquí, conmigo".

Dominio propio

> "Porque no es un espíritu de cobardía el que Dios nos otorgó, sino de fortaleza, amor y dominio propio".
> 2 TIMOTEO 1:7

*M*UCHAS GENTE VIVE SUMIDA EN la negatividad y después se pregunta por qué nunca le ocurre nada positivo. Es porque sus mentes se enfocan en la dirección equivocada. No podemos albergar pensamientos de preocupación y miedo y esperar tener algún tipo de triunfo en la vida. Las Escrituras nos dicen que Dios nos ha dado un espíritu de "dominio propio", que otras versiones describen describe como "buen juicio". Es decir, debemos disciplinar nuestras mentes para tener pensamientos que sean consistentes con la Palabra de Dios.

Cada día usted tendrá pensamientos negativos que le acecharán, pero usted puede decidir si los dejará prosperar o no al permanecer en ellos. Usted puede controlar la entrada a su mente, rechazar los pensamientos negativos y escoger morar en lo que Dios dice.

"Medita día y noche el libro de esta ley teniéndolo siempre en tus labios; si obras en todo conforme a lo que se prescribe en él, prosperarás y tendrás éxito en todo cuanto emprendas".
JOSUÉ 1:8

Medite en la Palabra de Dios

DIOS DICE QUE SI MEDITAMOS EN su Palabra día y noche y llenamos nuestra mente con pensamientos de fe y victoria, tendremos vidas victoriosas. *Meditar* significa pensar en la misma cosa una y otra vez. ¿En qué medita usted? ¿Qué cosas pasan por su mente? Sus pensamientos constantes determinan el tipo de vida que usted tiene. Quizás no se dé cuenta, pero si se la pasa con miedo, usted está creyendo lo negativo. Si hace eso, no se sorprenda entonces que reciba justo lo que está creyendo.

Supere sus miedos

"Glorificad conmigo al Señor, ensalcemos su nombre todos juntos".
SALMO 34:4

SI EL MIEDO HA CREADO UNA fortaleza en su mente, he aquí un ejemplo de cómo derribarla. Conocí a una joven mujer casada que no tenía problemas médicos, pero no podía concebir un hijo. Ella había temido y creído que, debido a su historial familiar, ella no podría llegar a quedar embarazada.

Yo le dije: "Amplía tus horizontes y obtén una visión nueva de lo que Dios puede hacer. Mira a través de los ojos de la fe y visualízate llevando tu bebé en brazos. Medita en la Palabra de Dios. Di: 'Bendito es el fruto de mi vientre' y 'Dios no me negará ninguna cosa buena si yo camino en rectitud'. Mantén esos pensamientos en tu corazón y tu mente. Di: 'Padre, te agradezco porque podemos concebir este bebé'". Seis meses después, ella quedó embarazada.

"Pero el que me preste atención vivirá seguro".
PROVERBIOS 1:33

Sea saludable

QUIZÁS SU FAMILIA ES COMO LA mía. Por parte de mi padre, tenemos un largo historial de enfermedades cardíacas. El padre de mi padre, muchos de sus tíos y otros parientes, murieron jóvenes debido a enfermedades cardíacas. Yo podría fácilmente pensar: *Bueno, todos los demás tienen alta presión sanguínea y las arterias bloqueadas. A mí me va a pasar lo mismo.*

Pero no voy a hacer eso. Yo he programado mi mente para ser saludable. Mi plan es transmitirles buena salud y actitudes positivas a mis hijos. Voy a fijar un patrón de larga vida. No tengo que temer sufrir las mismas enfermedades que hayan sufrido los demás, ni siquiera aquellas para las que tengo predisposición familiar o genética. Escojo actuar por fe y recibir las bendiciones y el favor de Dios.

El amor
perfecto

"Amor y temor, en efecto, son incompatibles; el auténtico amor elimina el temor, ya que el temor está en relación con el castigo, y el que teme es que aún no ha aprendido a amar perfectamente".
1 JUAN 4:18

$\mathcal{L}$AS COSAS QUE TEMEMOS NOS pueden ocurrir. Adquiera la costumbre de meditar en la Palabra de Dios y descubrirá que Dios tiene un gran plan para su vida. Verá que Dios lo está guiando, que Él es más grande que cualquiera de sus problemas y que Él puede girar cualquier situación a su favor.

Sus pensamientos deben ser: *Sé que algo bueno me va a pasar. Sé que Dios está trabajando en mi vida. Sé que mi negocio va a prosperar. Sé que mi familia va a progresar y que mis hijos van a sobresalir.* Usted verá como su vida da un vuelco está mañana si solo comienza a tener pensamientos consistentes con los principios positivos de la Palabra de Dios.

"Pero tengo miedo; lo mismo que la serpiente sedujo con su astucia a Eva, temo que pervierta vuestros pensamientos apartándoos de una sincera y limpia entrega a Cristo".
2 CORINTIOS 11:3

Guarde su mente

CUANDO LA BIBLIA DICE: "PONGAN sus mentes en las cosas de arriba" (Col. 3:2), significa que debemos escoger continuamente, veinticuatro horas al día, mantener nuestra mente en las cosas positivas de Dios. El apóstol Pablo nos da una lista extraordinaria a partir de la cual podemos evaluar nuestros pensamientos: "Finalmente, hermanos, apreciad todo lo que sea verdadero, noble, recto, limpio y amable; todo lo que merezca alabanza, suponga virtud o sea digno de elogio" (Flp. 4:8).

Podemos elegir mantener nuestra mente enfocada en las cosas buenas de Dios y experimentar lo mejor que Él tiene para nuestra vida. Debemos estar en guardia, especialmente en los momentos de adversidad y retos personales.

Cuando llegan los *problemas*

"A renunciar a la antigua conducta, a la vieja condición humana corrompida por la seducción del placer. Así que dad lugar a la renovación espiritual de vuestra mente".
EFESIOS 4:22-23

CUANDO LOS PROBLEMAS LLEGAN, con frecuencia los primeros pensamientos que nos vienen a la cabeza no son positivos. Los pensamientos negativos y el miedo nos bombardean desde todos los ángulos posibles. Si creemos las mentiras del enemigo y esas mentiras se arraigan, se crea una fortaleza enemiga en nuestra mente desde la cual seremos atacados. En ese momento debemos elegir confiar en Dios.

¿Cómo podemos determinar el origen de un pensamiento? Es fácil. Si es un pensamiento de desánimo o destructivo; si le infunde temor, preocupación, duda o vacilación; si el pensamiento le hace sentirse débil, inseguro o poco apropiado; no es de Dios. Deséchelo. Debemos mantenernos enfocados, sabiendo que Dios está luchando la batalla por nosotros.

"Sino que se complace en la ley del Señor sobre la que reflexiona día y noche".
SALMO 1:2

Busque lo *mejor*

APRENDA A BUSCAR LO MEJOR EN cualquier situación. Independientemente de lo que esté pasando, si busca lo suficiente y mantiene la actitud correcta, podrá encontrar algo positivo en la experiencia. Si lo despiden de su trabajo, puede escoger la negatividad. O puede decir: "Dios, sé que tú estás en control de mi vida, y cuando una puerta se cierra, tú siempre abres una puerta más grande y mejor. Así que Padre, estoy ansioso de ver lo que me tienes preparado".

Los psicólogos están convencidos de que nuestra vida se mueve en la dirección de nuestros pensamientos más dominantes. El día de hoy, mantenga su mente llena de pensamientos de gozo, paz, victoria, abundancia y bendiciones, y usted se dirigirá hacia esas cosas, a la vez que las atraerá hacia usted. ¡Eso es tener una personalidad magnética!

¿Adelantar o retroceder?

"He optado por el camino de la fidelidad, he escogido tus juicios".
SALMO 119:30

$\mathcal{N}$UESTRA MENTE SE PARECE A LA transmisión de un automóvil. Podemos elegir en qué dirección queremos avanzar poniendo las velocidades. No nos toma mayor esfuerzo ir hacia adelante que ir hacia atrás. Todo está en el proceso de decisión. De igual manera, determinamos con nuestras propias elecciones el camino por donde irán nuestras vidas. Si escogemos concentrarnos en lo positivo y mantener nuestra mente fija en las cosas buenas de Dios, las fuerzas de la oscuridad no podrán impedirnos avanzar y cumplir nuestro destino. Pero si cometemos el error de quedarnos en lo negativo, concentrándonos en nuestros problemas y limitaciones, es como poner el automóvil en reversa y alejarnos de la victoria que Dios nos tiene preparada.

Debemos decidir en qué dirección queremos ir.

"Porque el Reino de Dios no es cuestión de comidas o bebidas sino de justicia, paz y alegría en el Espíritu Santo".
ROMANOS 14:17

Protéjase del pesimismo

UNA VEZ ESCUCHÉ UNA HISTORIA sobre dos granjeros. Cuando llovió, uno de los granjeros dijo: "Gracias, Señor, por regar nuestros cultivos". Pero el otro granjero dijo: "Si, pero si sigue lloviendo, las raíces se pudrirán". Cuando salió el sol, el granjero positivo dijo: "Gracias Señor, porque nuestras cosechas están recibiendo las vitaminas y los minerales que necesitan. Tendremos una cosecha maravillosa este año". Pero el granjero negativo dijo: "Si, pero si el sol sigue brillando, va a quemar esas plantas. Y no tendremos de qué vivir".

¿Conoce usted personas que siempre se enfocan en lo negativo? ¡Asegúrese de evitar que sus actitudes negativas infecten su mente! Manténgase enfocado en las cosas positivas de la vida.

Ate sus pensamientos

"Destruimos argumentos y toda altivez que se levanta contra el conocimiento de Dios, y llevamos cautivo todo pensamiento para que se someta a Cristo".
2 CORINTIOS 10:5

ES FÁCIL CAER EN LA TENTACIÓN DE esperar lo peor de la vida. Quizás usted está teniendo problemas en su matrimonio y por tal motivo su imaginación se desboca, y se imagina divorciado y viviendo como soltero. Si usted lo cree y lo ve en su imaginación durante suficiente tiempo, muchas veces estos pensamientos negativos se pueden hacer realidad.

Recuerde: Dios honra la fe, y el enemigo ataca con miedo. Cuando su imaginación comience a desbocarse, ate esos pensamientos y cambie lo que está visualizando. No permita que esos pensamientos negativos jueguen juegos destructivos con usted. ¡Estamos en guerra! Usted debe atar esos pensamientos y luego expulsarlos de su mente. Si permanece en las cosas de Dios, Él lo mantendrá en perfecta paz.

"Vivimos por fe, no por vista".
2 CORINTIOS 5:7

Viva
por *fe*

*H*AY PERSONAS QUE PARECIERA que llevaran siempre una nube negra sobre ellos. Si reciben un informe negativo del médico, ya al final del día habrán planeado su propio funeral. Si el trabajo ha ido un poco lento, están seguros de que serán los primeros en ser despedidos. En vez de disciplinar sus pensamientos y hacer lo que dicen las Escrituras, entran en pánico y siempre se visualizan derrotados, fracasando y pasando trabajo.

Ir por la vida con un sentimiento negativo constante, siempre pensando que algo está mal, no es honrar a Dios. Quizás ni siquiera sepamos por qué lo hacemos, pero tendemos a pensar que las cosas nunca nos van a salir bien. Esa actitud nos impide recibir las cosas buenas de Dios. Viva con fe, no con miedo.

Redirija la corriente

> *"Hay un río cuyas corrientes alegran la ciudad de Dios, la santa habitación del Altísimo".*
> SALMO 46:4

SEAMOS HONESTOS. SI SUS pensamientos han estado bajo un patrón negativo mes tras mes, año tras año, es como si hubieran estado erosionando el cauce de un río profundo, y la negatividad puede fluir solo en una dirección. Con cada pensamiento negativo, el cauce se hace un poco más profundo y la corriente más fuerte. Es posible programar nuestra mente con un patrón de pensamiento negativo.

Afortunadamente, podemos hacer que fluya un río nuevo que vaya en una dirección positiva. Cuando habitamos en la Palabra de Dios y comenzamos a ver lo mejor en todas las situaciones, poco a poco estamos encaminando la corriente de ese río. Al principio puede parecer que no es gran cosa, pero si seguimos rechazando los pensamientos negativos y redirigiendo la corriente, pronto tendremos un nuevo río fluyendo.

"Hoy pongo al cielo y a la tierra por testigos contra ti, de que te he dado a elegir entre la vida y la muerte, entre la bendición y la maldición. Elige, pues, la vida, para que vivan tú y tus descendientes".

DEUTERONOMIO 30:19

Transforme *su* forma de pensar

AMIGO, NO SE DUERMA EN LOS laureles y permita que los pensamientos críticos y negativos influyan en su vida. La Biblia dice: "No se amolden al mundo actual, sino sean transformados mediante la renovación de su mente. Así podrán comprobar cuál es la voluntad de Dios, buena, agradable y perfecta" (Ro. 12:2). Cuando escogemos la fe en vez del miedo, esperando cosas buenas y tomando el control de nuestros pensamientos, la corriente de pensamientos negativos disminuye y fluye un río de pensamientos positivos de victoria.

No obstante, debemos recordar que el río de negatividad no se formó de un día para otro sin un esfuerzo consciente de su parte. Dios le ayudará. Permanezca lleno de fe. Permanezca lleno de esperanza.

Levántese | *"Cuando cruces las aguas, yo estaré contigo; cuando cruces los ríos, no te cubrirán sus aguas; cuando caminas por el fuego, no te quemarás ni te abrasarán las llamas".*
ISAÍAS 43:2

ES POSIBLE QUE ESTA MAÑANA usted se haya sentido tentado a pensar en cosas negativas. Anteriormente, cuando usted se allegaba al río de la negatividad, decía: "¿Y ahora qué voy a hacer, Señor? ¿Cómo voy a salir de este desastre? Tal vez esto lo que me ha tocado en la vida".

Pero ahora no es así. Ahora, usted puede ir al río de pensamientos de victoria y de fe. Puede levantarse y decir: "Padre, estoy emocionado por el día de hoy. Mayor es el que está en mí que el que está en el mundo. Y voy a salir de esto". Luego salga y viva su mejor vida, ahora.

"Así que no temas, porque yo estoy contigo; no te angusties, porque yo soy tu Dios. Te fortaleceré y te ayudaré; te sostendré con mi diestra victoriosa".

ISAÍAS 41:10

Dios *no* tiene límites

¿LE SUENAN FAMILIARES LAS siguientes mentiras? *No eres lo suficientemente bueno. Naciste en la familia equivocada. ¡Hasta el perro se la pasaba enfermo!* Esta clase de mentiras fijan límites en nuestra vida, de los cuales es casi imposible salir.

Esta es la verdad: Dios no está limitado por nuestro árbol familiar. Tampoco está limitado por nuestro nivel de educación, nuestra posición social, nuestro estatus económico ni nuestra raza. Para Dios no existe eso del "árbol que nace torcido". Si confiamos en Él, Dios llenará de significado nuestra vida. Dios anhela hacer algo grandioso en la vida de cada uno de nosotros. Lo único que puede limitarlo, es nuestra falta de fe.

La mentalidad del *"sí puedo"*

> *"¡Cuán preciosos, oh Dios, me son tus pensamientos! ¡Cuán inmensa es la suma de ellos!"*
> SALMO 139:17

EL ENEMIGO ATACA NUESTRA mente con la mentira de que no tenemos lo necesario, pero Dios dice que sí lo tenemos. El enemigo dice que no somos capaces de hacerlo, pero Dios dice que todo lo podemos en Cristo. El enemigo dice que nunca nos pondremos bien, pero Dios dice que Él restaurará nuestra salud. El enemigo dice que nuestros problemas son demasiado grandes, que no hay esperanza, pero Dios dice que Él solucionará esos problemas. Y no solo eso, Él dará un giro a esos problemas y los usará a nuestro favor. ¿A quién le creeremos?

Amigo, los pensamientos de Dios le llenarán de fe, esperanza y triunfo. Los pensamientos de Dios le edificarán y animarán. Le darán la fuerza que necesita para seguir adelante. Los pensamientos de Dios le darán esa mentalidad del "sí puedo".

> *"Al que puede hacer muchísimo*
> *más que todo lo que po-*
> *damos imaginarnos o pedir,*
> *por el poder que obra efi-*
> *cazmente en nosotros".*
> EFESIOS 3:20

Más que todo lo que *podamos imaginarnos*

*U*N JOVENCITO FUE AL PATIO A jugar con un bate y una pelota de béisbol. Se dijo a sí mismo: "Soy en mejor bateador del mundo". Luego lanzó la pelota al aire y dio un batazo, pero falló. Sin dudarlo ni un segundo, la lanzó al aire nuevamente, y dijo mientras giraba el bate "¡Soy el mejor bateador del mundo!". Pero volvió a fallar. Tercer *strike*. El chico bajó su bate y en su rostro se dibujó una sonrisa. "¿Sabes qué? ¡Soy el mejor lanzador del mundo!".

Si el día de hoy las cosas no salen como las planeó, búsquele el lado positivo a sus problemas. Llene su mente de buenos pensamientos.

Escape de la corrupción

> *"Así Dios nos ha entregado sus preciosas y magníficas promesas para que ustedes, luego de escapar de la corrupción que hay en el mundo debido a los malos deseos, lleguen a tener parte en la naturaleza divina".*
> 2 PEDRO 1:4

QUIZÁS USTED TIENE LA computadora más poderosa del mundo, pero si uno de los miles de virus informáticos que hay en el ciberespacio entra y contamina el software, puede destruir su disco duro y la información almacenada en su computadora. Es común que sin advertirlo, nosotros pasamos el virus a los demás, aumentando así el problema.

De igual manera, si dejamos que los pensamientos negativos y los engaños entren en nuestra mente, corromperán nuestras actitudes y valores de forma sutil. Para empeorar las cosas, pasamos esos sentimientos negativos a los demás. Nuestra única salvaguarda es mantener nuestros pensamientos alineados con la Palabra de Dios.

"Presta atención, escucha mis palabras; aplica tu corazón a mi conocimiento. Grato es retenerlas dentro de ti, y tenerlas todas a flor de labio. A ti te las enseño en este día, para que pongas tu confianza en el Señor".
PROVERBIOS 22:17–19

Reprograme su computadora

S I USTED RECONOCE QUE HA permitido que pensamientos negativos hayan sido copiados en su disco duro mental, debe reprogramar su mente cambiando sus pensamientos. Si mantiene su mente enfocada en las cosas buenas de Dios, la Biblia dice que Dios lo mantendrá en perfecta paz en medio de la tormenta (ver Is. 26:3).

Podemos descansar en el hecho de que el Dios Todopoderoso está de nuestro lado. Apóyese en el hecho de que Él le prometió luchar sus batallas. Descanse en la verdad de que ninguna arma en su contra logrará prosperar. Si comenzamos a tener esta clase de pensamientos, nos llenaremos de fe y confianza, independientemente de lo que pueda estar en nuestra contra el día de hoy.

Sea un vencedor

"¡Pero gracias a Dios, que nos da la victoria por medio de nuestro Señor Jesucristo!".
1 CORINTIOS 15:57

PARA VIVIR SU MEJOR VIDA HOY, ES necesario que usted crea que es un vencedor y no una víctima. Cuando atraviese decepciones en la vida, algo que a todos nos pasa, o cuando enfrente reveses y parezca que sus sueños han muerto, siga creyendo. Cuando todo parece oscuro y deprimente y no vemos la salida, debemos recordar que nuestro Padre celestial creó el universo. Él está en control de nuestras vidas, guiando y dirigiendo nuestros pasos. Sus planes para nosotros son buenos y no malos. No cometa el error de sentir lástima por usted mismo. No, vístase con una nueva actitud. Tome lo que Dios le ha dado y haga lo mejor de eso.

Usted conoce la verdad. Es hora de permitir que esa verdad le haga libre.

"Caleb hizo callar al pueblo ante Moisés, y dijo: 'Subamos a conquistar esa tierra. Estoy seguro de que podremos hacerlo'".
NÚMEROS 13:30

Posea la tierra

ESTA MAÑANA, RECUERDE CÓMO los hijos de Israel fueron liberados milagrosamente de los egipcios y acamparon justo al lado de la Tierra Prometida, pero no quisieron entrar por temor a los gigantes. No permita que una falta de fe similar, o una mentalidad equivocada, le impida alcanzar su destino. Quizás usted está justo al lado de su Tierra Prometida. Hay grandes cosas que Dios desea hacer en su vida. Él quiere hacerle progresar, sanar su cuerpo, restaurar su matrimonio o bendecirle económicamente. ¡Quizás usted está a punto de vivir un milagro!

Si usted alinea su forma de pensar con la forma de pensar de Dios, nada podrá detenerle. Ningún obstáculo será demasiado alto, ninguna situación demasiado difícil. Si cree en la Palabra de Dios, todo le será posible.

Siga avanzando

"¡Escucha, Israel! Hoy vas a entrar en batalla contra tus enemigos. No te desanimes ni tengas miedo; no te acobardes ni te llenes de pavor ante ellos, porque el Señor tu Dios está contigo; Él peleará en favor tuyo y te dará la victoria sobre tus enemigos".
DEUTERONOMIO 20:3-4

RECUERDE QUE EL ENEMIGO siempre se esfuerza más cuando sabe que Dios tiene algo grande preparado para usted. La batalla más oscura, la tormenta más oscura, siempre dará paso al amanecer más brillante. Siga creyendo, siga orando, siga avanzando. Las Escrituras dicen: "No nos cansemos de hacer el bien, porque a su debido tiempo cosecharemos si no nos damos por vencidos" (ver Gal. 6:9). Puede que ahora sea difícil, pero debemos recordar que tenemos el poder de Dios en nuestro interior.

Dios dijo que usted es perfectamente capaz de cumplir su destino. Usted puede hacer lo que necesita hacer.

"El Señor es mi luz y mi salvación; ¿a quién temeré? El Señor es el baluarte de mi vida; ¿quién podrá amedrentarme?".

SALMO 27:1

Vaya con Dios

Cuando mi padre murió en 1999, yo sabía muy dentro de mí que yo sería el pastor de la iglesia Lakewood, pero en lo único en que podía pensar era en las razones gigantes por las cuales no podría hacerlo. Pensaba: *Dios, no me siento calificado. He predicado solo una vez. Nunca he ido al seminario.* Tenía que decidir si me quedaba cómodo donde estaba o si daría un salto de fe, sabiendo que el Dios Todopoderoso estaba de mi lado.

Decidí ir con Dios, pero no fue fácil. Algunos domingos me levantaba y pensaba: *¡No puedo hacerlo!* Pero me paraba frente al espejo, me miraba a los ojos y decía: "Joel, tú puedes hacerlo por medio de su poder". Yo lo hice, y usted también puede.

Sea constante

"Cuando el Señor aprueba la conducta de un hombre, hasta con sus enemigos lo reconcilia".
PROVERBIOS 16:7

*A*LGUNAS PERSONAS DAN UN PASO de fe y luego retroceden dos pasos. Un día están felices y tienen una buena actitud, y al día siguiente están negativas y depresivas. Hacen un pequeño progreso, y luego retroceden. Debido a su fe vacilante, nunca podrán llegar realmente al lugar donde Dios quiere que estén. Nunca experimentan los triunfos que Dios les tiene preparados.

Amigo, usted debe ser constante. Diga: *Me rehúso a retroceder. Avanzaré con Dios. Seré la persona que Él quiere que sea. Cumpliré mi destino.* Si mantiene esa mentalidad, Dios trabajará continuamente en su vida. Si confía en Dios, Él peleará sus batallas.

*"'Tengan fe en Dios',
respondió Jesús".*
MARCOS 11:22

Permanezca firme

SU SITUACIÓN O CUÁN GRANDES son sus oponentes no es problema. Mantenga una actitud de fe. Manténgase en calma. Mantenga un estado mental positivo. Y no trate de hacer todo a su manera. Permita que Dios lo haga a su manera. Si tan solo obedeces sus mandamientos, Él cambiará las cosas a su favor.

La Biblia dice: "Para que no se cansen ni pierdan el ánimo" (ver Hch. 12:3). Recuerde, permanezca firme. Cuando surjan pensamientos negativos, recházcelos y reemplácelos con pensamientos de Dios. Cuando usted tiene esa actitud de fe, está abriendo la puerta para que Dios trabaje en su situación. Es posible que no vea ocurrir nada desde el punto de vista físico; pero en el reino invisible, en el mundo espiritual, Dios está trabajando. Pero si usted hace su parte y sigue creyendo, en el momento justo Dios hará que salga victorioso.

Usted obtiene lo que *proclama*

> "Sean, pues, aceptables ante ti mis palabras y mis pensamientos, oh Señor, roca mía y redentor mío".
>
> SALMO 19:14

A FINALES DE LA DÉCADA DE LOS noventa, José Lima fue el lanzador estrella de los Astros de Houston. José es un jugador de béisbol extrovertido, enérgico y agradable, que normalmente exudaba una actitud positiva. Pero cuando los Astros se mudaron a su nueva sede, que tiene una de las distancias más cortas desde el *home base* hasta la cerca del jardín izquierdo de todos los estadios de las Grandes Ligas; él se acercó al montículo y dijo: "Jamás podré lanzar aquí". Esa temporada, José tuvo el peor año de su carrera. Pasó de ser un ganador de veinte juegos a ser un perdedor de dieciséis juegos en temporadas consecutivas.

¿Qué pasó? Lo mismo que nos pasa a muchos cada día: recibimos lo que decimos. Nuestras palabras se convierten en profecías que nosotros mismos cumplimos.

"En la lengua hay poder de vida y muerte; quienes la aman comerán de su fruto".
PROVERBIOS 18:21

El poder de *sus* palabras

*N*UESTRAS PALABRAS TIENEN UN poder tremendo y son como semillas. Al decirlas en voz alta, quedan plantadas en nuestra mente subconsciente, se enraízan, crecen y producen la misma clase de fruto. Sea que digamos palabras negativas o positivas, cosecharemos exactamente lo que sembremos.

La Biblia compara la lengua con el pequeño timón que controla la dirección de un barco (ver Stg. 3:4). De forma similar, nuestra lengua controlará la dirección de nuestra vida. Creamos un ambiente para el bien o para el mal dependiendo de nuestras palabras, y si siempre estamos murmurando, quejándonos y hablando de lo mal que nos trata la vida, viviremos en un mundo muy desdichado. Debemos utilizar nuestras palabras para cambiar nuestras situaciones negativas y llenarlas de vida.

Dígalo con confianza

"Sí que podemos decir con toda confianza: 'El Señor es quien me ayuda; no temeré. ¿Qué me puede hacer un simple mortal?'".
HEBREOS 13:6

$\mathcal{U}$NA VEZ ESCUCHÉ LA HISTORIA DE un doctor que entendía el poder de las palabras. Una de las recetas que le daba a sus pacientes era que dijeran al menos una vez cada hora: "Cada vez estoy mejor, en todos los aspectos". Sus pacientes experimentaban resultados increíbles.

Cuando decimos algo con frecuencia, con pasión y entusiasmo, al poco tiempo nuestro subconsciente comienza a actuar según lo que estamos diciendo, haciendo lo que sea necesario para que esos pensamientos y palabras se hagan realidad. Levántese cada mañana y diga: "Soy valioso y digno de amor. Dios tiene grandes planes para mi vida. Estoy emocionado por mi futuro". Hay verdadero poder en nuestras palabras.

"Les aseguro que si alguno le dice a este monte: 'Quítate de ahí y tírate al mar', creyendo, sin abrigar la menor duda de que lo que dice sucederá, lo obtendrá. Por eso les digo: Crean que ya han recibido todo lo que estén pidiendo en oración, y lo obtendrán".
MARCOS 11:23-24

Háblele a sus montañas

¿QUÉ MONTAÑA TIENE FRENTE A usted esta mañana? ¿Tal vez una enfermedad, una relación problemática, un negocio que lucha por salir a flote? Jesús dijo que independientemente de cual sea la montaña, es nuestro deber hacer algo más que solo pensar u orar por ella; debemos hablarle a ese obstáculo.

La Biblia dice: "Que diga el cobarde: ¡Soy un valiente!'" (Jl. 3:10). Comience a decir que usted es saludable, feliz, bendecido y próspero. Nuestro Dios obra milagros. ¡Deje de decirle a Dios lo grandes que son sus montañas, y comience a decirles a sus montañas lo grande que es su Dios!

En el
nombre del
Señor

*"Todo lo puedo en Cristo
que me fortalece".*
FILIPENSES 4:13

 $\mathcal{C}$ UANDO DAVID SE ENFRENTÓ AL
gigante Goliat, no se quejó diciendo:
"Dios, ¿por qué siempre tengo problemas
tan grandes?". Él no se enfocó en el
hecho de que Goliat era tres veces más
grande que él, o que fuera un guerrero
habilidoso mientras que él solo era un
joven pastor. En vez de enfocarse en la
magnitud del obstáculo frente a él, David
escogió enfocarse en la grandeza de Dios.

David vio a Goliat directo a los ojos
y dijo estas palabras de fe en voz alta:
"Tú vienes contra mí con espada, lanza
y jabalina, pero yo vengo contra ti en
nombre del Señor de los ejércitos celestiales, el Dios de los ejércitos de Israel, a
quien tú has desafiado" (1 S. 17:45, NTV).
Él no solo *pensó*; él no solo *oró*; sino que
le habló directamente a su montaña, el
gigante, y la derribó.

> *"Porque con el corazón se cree para ser justificado, pero con la boca se confiesa para ser salvo. Así dice la Escritura: 'Todo el que confíe en él no será jamás defraudado'".*
> ROMANOS 10:10–11

El *milagro* está en su boca

SI USTED DESEA CAMBIAR SU mundo, comience por cambiar sus palabras. Cuando enfrentamos obstáculos debemos decir: "El que está en ustedes es más poderoso que el que está en el mundo" (ver 1 Jn. 4:4); "No prevalecerá ninguna arma que se forje contra ti" (ver Is. 54:17); y "Dios siempre me hace triunfar".

Debemos dejar de quejarnos por la pobreza o las carencias y comenzar a declarar: "Dios satisface todas mis necesidades abundantemente". Debemos dejar de quejarnos porque nunca nos pasa nada bueno y comenzar a declarar: "Todo lo que toco prospera y tiene éxito". Debemos dejar de maldecir la oscuridad y utilizar nuestras palabras para ordenarle a la luz que ilumine nuestro problema. Nuestras palabras tienen ese poder.

Palabras de sanación

"Hijo mío, atiende a mis consejos; escucha atentamente lo que digo. No pierdas de vista mis palabras; guárdalas muy dentro de tu corazón. Ellas dan vida a quienes las hallan; son la salud del cuerpo".
PROVERBIOS 4:20–22

EN 1981, MI MADRE FUE diagnosticada de cáncer y le dieron unas pocas semanas de vida. Pero mi madre se rehusó a quejarse de lo enferma y débil que se sentía, o de cuan desesperada era su situación. No, ella escribió unos cuarenta de sus pasajes favoritos de la Biblia relacionados con la salud, y los leía todo el día mientras declaraba: "Con larga vida Él me satisface y me muestra su salvación". Lentamente, semana tras semana, ella comenzó a sentirse mejor. Siguió declarando la palabra de Dios, y hoy, más de veinte años después, ella continúa libre de cáncer, ¡sanada por el poder de Dios y su Palabra!

Mi madre utilizó sus palabras para cambiar su mundo, y usted puede hacer lo mismo.

"¡No! La palabra está muy cerca de ti; la tienes en la boca y en el corazón, para que la obedezcas".
DEUTERONOMIO 30:14

Declare palabras de *fe*

CUANDO SE TRATA DE NUESTRAS palabras, muchas veces somos nuestros peores enemigos. Quizás culpemos a todo y a todos, pero la verdad es que estamos muy influenciados por lo que nos decimos. Las escrituras dicen: "Verbalmente te has comprometido, enredándote con tus propias palabras" (Pr. 6:2).

Nuestras palabras son fundamentales para lograr que nuestros sueños se materialicen. No es suficiente verlos con los ojos de la fe o en nuestra imaginación. Debemos comenzar a declarar palabras de fe, victoria, salud y éxito sobre nuestras vidas. Nuestras palabras tienen un enorme poder creativo. En el momento en que decimos algo, lo estamos trayendo a la vida. Este es un principio espiritual, y funciona tanto si lo que decimos es positivo como si es negativo, así que pronuncie palabras de fe.

Confiese la Palabra de Dios con *firmeza*

"El charlatán hiere con la lengua como con una espada, pero la lengua del sabio brinda alivio".
PROVERBIOS 12:18

SI ORACIONES NEGATIVAS, COMO: "Nunca me pasa nada bueno", son la norma en su vida, estas literalmente le impedirán avanzar en la vida. Es por ello que debemos aprender a refrenar la lengua y pronunciar solo palabras de fe. Nuestras palabras pueden edificarnos o destruirnos.

Debemos entender que evitar pronunciar palabras negativas no es suficiente. Debemos comenzar a utilizar nuestras palabras para avanzar en la vida. Cuando creemos en la Palabra de Dios y comenzamos a declararla de manera decidida en combinación con nuestra fe, estamos confirmando esa verdad y haciéndola válida en nuestra vida. Y todo el cielo viene en nuestra ayuda para respaldar la palabra de Dios y hacer realidad las grandes cosas que Dios nos tiene preparadas.

"Con mi lengua proclamaré tu justicia, y todo el día te alabaré".
SALMO 35:28

Hable de la *bondad* de Dios

DIOS NUNCA NOS ORDENÓ A QUE verbalizáramos constantemente nuestro dolor y sufrimiento. En vez de eso, Dios nos pidió que habláramos constantemente de su bondad; que habláramos de sus promesas en la mañana durante el desayuno, en la noche durante la cena, antes de dormir, continuamente, permaneciendo siempre en las cosas buenas de Dios.

Usted podrá experimentar un nuevo sentimiento de gozo en su hogar si simplemente deja de hablar de las cosas negativas que existen en su vida y comienza a hablar de la Palabra de Dios. Si siempre habla de sus problemas, no debe sorprenderle si vive en una perpetua derrota. Deje de pronunciar palabras de derrota y comience a pronunciar palabras de victoria. No use sus palabras para describir su situación, use sus palabras para cambiarla.

Tome la ofensiva

"Por último, fortalézcanse con el gran poder del Señor".
EFESIOS 6:10

QUIZÁS USTED ESTÁ ENFRENTANDO una situación "desesperada". No se dé por vencido. Dios obra milagros. Él sabe por lo que usted está pasando y no lo dejará solo.

Cuando necesitamos una defensa fuerte, también debemos tomar la ofensiva. Debemos ser decididos. Establezca un tono poderoso para todo el día tan pronto como se levante de la cama. Si espera hasta después de leer el periódico en la mañana, comenzará el día con toda clase de noticias tristes y deprimentes. ¡Trate de empezar el día con noticias buenas, declarando la Palabra de Dios sobre su vida! Cuando se despierte, comience a darle nueva vida a sus sueños, pronunciando palabras de victoria. Comience a verbalizar palabras de fe el día de hoy, y observe como Dios hace que sus circunstancias cambien.

"Tú eres mi refugio; tú me protegerás del peligro y me rodearás con cánticos de liberación".
SALMO 32:7

Cánticos de liberación

DIOS NO NOS HA DADO CIENTOS de promesas en su Palabra simplemente para que las leamos y las disfrutemos. Dios nos ha dado sus promesas para que las declaremos firmemente y tengamos éxito, salud, esperanza y vida en abundancia. Las Escrituras dicen: "Porque con el corazón se cree para ser justificado, pero con la boca se confiesa para ser salvo" (Ro. 10:10). Cuando creemos la Palabra de Dios y comenzamos a declararla en combinación con nuestra fe, en realidad estamos confirmando esa verdad y haciéndola válida en nuestra propia vida.

Si usted está enfrentando enfermedades o luchas económicas el día de hoy, declare firmemente lo que la Palabra de Dios tiene que decirle al respecto. Amigo, cuando realice esas declaraciones de forma decidida, Dios trabajará para cumplir todo lo que dice su Palabra.

El *poder* de la bendición

> *"De una misma boca salen bendición y maldición. Hermanos míos, esto no debe ser así".*
> SANTIAGO 3:10

𝒩OS DEMOS CUENTA O NO, nuestras palabras afectan el futuro de nuestros hijos, para bien o para mal. Si quiere que sus hijos sean productivos y exitosos, necesita comenzar a declarar palabras de vida sobre ellos, en lugar de predicciones de condenación y desesperanza. Pronuncie palabras amorosas de aprobación y aceptación, palabras que animen, inspiren y motiven a los miembros de su familia y amigos para que alcancen nuevas metas. Declare abundancia y progreso, así como el favor de Dios sobre sus vidas.

Use sus palabras para declarar bendiciones sobre los demás. Esposos, bendigan a sus esposas con sus palabras. Usted puede ayudar a fijar la dirección de sus empleados con palabras positivas. Aprenda a decretar bendiciones sobre sus amigos. ¡Comience a declarar esas bendiciones hoy!

"Estas son las doce tribus de Israel, y esto es lo que su padre les dijo cuándo impartió a cada una de ellas su bendición".
GÉNESIS 49:28

Pronuncie palabras *amorosas*

EN EL ANTIGUO TESTAMENTO, LA gente entendía perfectamente el poder de la bendición. Cuando el patriarca de la familia se acercaba a la senilidad o la muerte, colocaba las manos sobre la cabeza de cada uno de sus hijos y declaraba palabras amorosas y llenas de fe sobre ellos y sobre su futuro, lo que representaba "la bendición". Muchas veces, los hijos se peleaban por recibir la bendición del padre. No peleaban por dinero o por un negocio familiar que pudieran heredar. No, la familia entendía que estas palabras llenas de fe representaban autoridad espiritual, prosperidad y salud para el futuro. Más allá de eso, deseaban profundamente la bendición de alguien a quien amaban y respetaban.

Las palabras que decimos a nuestros hijos pueden conllevar la misma autoridad espiritual, con todo el poder de la bendición.

Palabras que *influyen* para siempre

"Que Dios te conceda el rocío del cielo; que de la riqueza de la tierra te dé trigo y vino en abundancia".
GÉNESIS 27:28

*U*NO DE LOS REGISTROS BÍBLICOS más increíbles relacionados con el poder de la bendición, se encuentra en las vidas de Jacob y Esaú, los dos hijos de Isaac (ver Gn. 27:1–41). Jacob quería la bendición de su padre; no cualquier bendición, sino la bendición que por derecho le pertenecía a Esaú, el primogénito de la familia. Isaac estaba muy anciano y prácticamente ciego. Un día Rebeca, la madre de Jacob, tomó ventaja de una situación en el hogar y le sugirió a Jacob que engañara a su padre y se apropiara de la bendición. Jacob entendía que estaba arriesgando su futuro entero con esta acción. Él reconocía que las palabras de su padre tendrían una influencia sobre él.

Debemos entender que nuestras palabras tendrán una influencia sobre la vida de nuestros hijos, hasta después de que hayan crecido y tenido sus propios hijos.

> *"Como naranjas de oro con in-crustaciones de plata son las palabras dichas a tiempo".*
> PROVERBIOS 25:11

Pronuncie una bendición hoy

*L*AS PALABRAS NEGATIVAS PUEDEN destruir a una persona. No podemos hablar negativamente de alguien por un lado y luego voltearnos y esperar que esa persona sea bendecida. En ese sentido, con frecuencia somos demasiado ásperos y críticos con nuestros hijos y seres queridos. Las palabras negativas pueden hacer que ellos pierdan el sentido de valor que Dios colocó en su interior y así el enemigo trae inseguridades.

¿Qué estamos transmitiendo a la próxima generación? No es suficiente pensarlo, debemos verbalizarlo. Una bendición no es tal hasta que es pronunciada. Sus hijos necesitan oírle decir palabras como: "Te amo. Creo en ti. Pienso que eres grandioso. No hay nadie como tú". Necesitan escuchar nuestra aprobación, sentir nuestro amor y recibir nuestra bendición.

Bendiga a sus niños

"La palabra del Señor vino a mí: Antes de formarte en el vientre, ya te había elegido; antes de que nacieras, ya te había apartado; te había nombrado profeta para las naciones".
JEREMÍAS 1:4–5

CÓMO PADRES, TENEMOS LA responsabilidad ante Dios y la sociedad de enseñar a nuestros preciados hijos, de disciplinarlos cuando desobedecen, de corregirlos amorosamente cuando hacen elecciones equivocadas. Pero no debemos repetirlas a nuestros hijos constantemente. Si continuamente pronunciamos palabras que los desaniman y los entristecen, en poco tiempo destruiremos la imagen que tienen de sí mismos. Millones de adultos aún están sufriendo como resultado de las palabras negativas que les repitieron cuando eran niños.

¿Qué tipo de palabras usa usted con sus hijos? Dios lo hará responsable de sus palabras y el efecto que estas tengan. Usted tiene la responsabilidad y la autoridad espiritual para asegurar que sus hijos se sientan amados, aceptados y aprobados.

"Y ustedes, padres, no hagan enojar a sus hijos, sino críenlos según la disciplina e instrucción del Señor".
EFESIOS 6:4

Cuide sus palabras

$\mathcal{L}$A MAYORÍA DE LOS PADRES quiere lo mejor para sus hijos, y existen muchas situaciones en las cuales un padre debe confrontarlos y corregirlos. Pero incluso un padre con las mejores intenciones puede pronunciar el tipo de palabras negativas que pueden destruir a una persona más rápido de lo que pueda imaginar. "¿Por qué no puedes sacar mejores calificaciones?". "No cortaste el césped correctamente". "¡Ve a limpiar tu habitación que parece una pocilga!". "No puedes hacer nada bien, ¿verdad?".

¿Ve usted el poder de sus palabras? Sea extremadamente cuidadoso con lo que permite que salga de su boca. La próxima vez que esté tentado a decirles cosas malas a los demás, recuerde que nunca podrá echar para atrás esas palabras. Una vez que las pronuncie, tomarán vida propia. Asegúrese de que sea una buena vida.

Imite el carácter de Dios

"Tan compasivo es el Señor con los que le temen como lo es un padre con sus hijos".
SALMO 103:13

*N*ADIE PUDO REPRESENTAR MEJOR la bondad de Dios para nosotros, los niños Osteen, que mi padre. Incluso cuando cometíamos errores, aunque papá era firme, era también amoroso y tierno. Él nos llevaba de regreso al camino correcto. Nunca nos disciplinó de mala manera, sino que con amor nos corregía. Aunque estaba muy ocupado, siempre tenía tiempo para nosotros. Nos animaba a hacer grandes cosas, a cumplir nuestros sueños.

Si usted es padre, debe darse cuenta de que la mayoría de los niños adoptan sus conceptos de quién es Dios y de cómo es Él, de sus padres. Si el padre es cruel, crítico y áspero, los niños inevitablemente crecerán con una visión distorsionada de Dios. Si el padre es amoroso, amable, compasivo y justo, los niños entenderán mejor el carácter de Dios.

"El Señor te bendiga y te guarde;
el Señor te mire con agrado
y te extienda su amor".
NÚMEROS 6:24–25

Declare la *bondad* de Dios

$\mathcal{M}$IS HERMANOS Y YO NO ÉRAMOS niños perfectos, pero nuestros padres nunca se enfocaron en nuestras debilidades o nuestros problemas. Ellos siempre se enfocaron en las soluciones. Constantemente nos decían que éramos los mejores niños del mundo. Y crecimos seguros, sabiendo no solo que nuestros padres se amaban el uno al otro, sino que también nos amaban y creían completamente en nosotros. Ellos nos apoyarían en las buenas y en las malas.

Si quiere bendecir a sus hijos, comience a declarar la bondad de Dios en sus vidas. Comience diciendo firmemente: "El rostro de Dios les sonríe y Él anhela ser bueno con ustedes. Yo declaro que son bendecidos con un corazón obediente, con éxito, con sabiduría sobrenatural y con una dirección clara en sus vidas".

De
generación
en *generación*

> "Sus hijos tendrán éxito en
> todas partes; toda una genera-
> ción de justos será bendecida".
> SALMO 112:2, NTV

*C*OMO CRECÍ RECIBIENDO aceptación
y aprobación por parte de mis padres,
ahora que soy padre pronuncio bendiciones sobre la vida de mis hijos, quienes
a su vez las pasarán a la siguiente generación, y así sucesivamente. Antes de que
nuestros hijos vayan a la cama, Victoria
y yo les decimos: "No hay nada que no
puedan hacer. Tienen un futuro brillante
frente a ustedes. Están rodeados del favor
de Dios. Todo lo que toquen va a prosperar". Creemos que tenemos la oportunidad y la responsabilidad de pronunciar
la bendición de Dios sobre nuestros hijos
ahora que están jóvenes.

No espere hasta que sus hijos sean
adolescentes, tengan veinte años o se
casen para comenzar a pedir la bendición
de Dios para sus vidas. ¡No! Declare la
bendición de Dios sobre ellos todos los
días de su vida, comenzando esta mañana.

"En todo caso, cada uno de ustedes ame también a su esposa como a sí mismo, y que la esposa respete a su esposo".
EFESIOS 5:33

Bendición en el *matrimonio*

ES IMPORTANTE QUE LOS esposos entiendan que sus palabras tienen un poder enorme en la vida de sus esposas. Una de las causas principales del colapso emocional entre las mujeres casadas, es el hecho de que las mujeres no se sienten valoradas. Una de las causas principales de este problema es que los esposos están, intencionalmente o no, reteniendo las palabras de aprobación que las mujeres desean con tanta desesperación.

Si quiere ver a Dios realizando maravillas, comience a alabar a su cónyuge. Todos los días, un esposo debe decirle a su esposa: "Te amo. Te aprecio. Eres lo mejor que me ha pasado en la vida". La esposa debe hacer lo mismo por su esposo. Nuestra relación puede mejorar inmensamente si solo comenzamos a pronunciar palabras amables y positivas, que bendigan a nuestras esposas.

Deje ir el *pasado*

> *"Yo soy el que por amor a mí mismo borra tus transgresiones y no se acuerda más de tus pecados".*
> ISAÍAS 43:25

*T*ODOS VIVIMOS DECEPCIONES y reveces ocasionalmente, pero si nos estancamos en el dolor y la pena, terminaremos viviendo vidas negativas y amargadas. Quizás hayamos cometido algunos errores o hecho elecciones equivocadas y ahora estamos tentados a sentirnos culpables y condenados, pensando en que desearíamos haber escogido otra carrera, o habernos casado con otra persona.

Es fácil vivir viendo el espejo retrovisor. No podemos cambiar el pasado y no tenemos ninguna garantía sobre el futuro; solo podemos hacer algo ahora. La buena noticia es que el pasado no tiene por qué envenenar su futuro. Dios aún tiene cosas buenas para usted. Él quiere tomar esa situación negativa, darle un giro y usarla en su beneficio.

"Vengan a mí todos ustedes que están cansados y agobiados, y yo les daré descanso. Carguen con mi yugo y aprendan de mí, pues yo soy apacible y humilde de corazón, y encontrarán descanso para su alma".
MATEO 11:28–29

La *vida* no es justa

VIVIMOS EN UNA SOCIEDAD QUE ama las excusas, y una de nuestras frases favoritas es: "No es mi culpa". Pero la verdad es que si estamos amargados y llenos de resentimiento, es porque nos permitimos a nosotros mismos seguir así. A todos nos han pasado cosas negativas. Si buscamos bien, podemos crear excusas y culpar al pasado por nuestra mala actitud, elecciones equivocadas o mal genio.

Es hora de dejar las excusas y la mentalidad de víctima. Nadie, ni siquiera Dios, nos prometió que la vida sería justa. Si le traemos toda esta carga a Jesús y dejamos que Él se encargue de ella, el día de hoy puede ser un nuevo comienzo.

Nuevas misericordias

> "El gran amor del Señor nunca se acaba, y su compasión jamás se agota. Cada mañana se renuevan sus bondades; ¡muy grande es su fidelidad!".
> LAMENTACIONES 3:22–23

CUANDO NOS LEVANTEMOS CADA mañana, una de las primeras cosas que debemos hacer es sacudirnos las frustraciones del día anterior. Descarte el desánimo, la culpa y la condenación. La actitud debe ser: *Hoy es un nuevo día, no voy a arrastrar el dolor de ayer a este día. Hoy es un nuevo comienzo.*

Las bondades de Dios son nuevas cada mañana. Quizá usted ha cometido muchos pecados, pero a Dios no se le acaba la misericordia. Él la renueva nueva cada mañana. ¿Sabe por qué? ¡Porque Él sabía que nosotros usaríamos toda lo que tenía ayer! Quizás usted hizo algo la semana pasada de lo que no está orgulloso. ¡No tiene por qué cargar con eso durante más tiempo! Simplemente reciba las bondades y el perdón de Dios.

"Y cuando estén orando, si tienen algo contra alguien, perdónenlo, para que también su Padre que está en el cielo les perdone a ustedes sus pecados".
MARCOS 11:25

Deje de compararse

QUIZÁS TENGAMOS RAZONES válidas para sentir lástima por nosotros mismos. Quizás hemos atravesado situaciones que nadie merece experimentar en la vida: abuso físico, verbal o emocional. Quizás hemos batallado contra una enfermedad crónica o incurable. No quiero decir que debamos minimizar esas experiencias difíciles, pero si deseamos vivir en victoria, no podemos permitir que nuestro pasado envenene nuestro futuro.

Es hora de dejar que sus heridas emocionales sanen. Deje de comparar su vida con la vida de otros, y deje de pensar en lo que pudo o debió haber sido. Deje de hacerse preguntas como: "¿Por qué esto?", o "¿Por qué aquello?", o ¿Por qué yo?". Suelte ese dolor y esa pena. Perdone a las personas que le hicieron daño y a usted mismo por los errores que ha cometido.

Suelte sus cargas

"Y conocerán la verdad, y la verdad los hará libres".
JUAN 8:32

*A*MIGO, NO SE QUEDE APRISIONADO en el pasado. Algunos individuos viven pensando en sus frustraciones. No pueden entender por qué sus oraciones no han sido contestadas, por qué su ser querido no fue sanado, por qué fueron maltratados. Algunas personas han vivido demasiado tiempo compadeciéndose de ellas mismas, y eso se ha convertido en parte de su identidad. No se dan cuenta de que Dios quiere devolverles lo que les ha sido robado.

Si no estamos dispuestos a abandonar lo viejo, no podemos esperar que Dios haga lo nuevo. Si nos han pasado cosas injustas, debemos tomar la decisión de dejar de revivir esas cosas en nuestra memoria. En vez de eso, debemos pensar en cosas buenas, cosas que nos edifiquen y no que nos destruyan, cosas que nos animen y nos den la esperanza de un mejor mañana.

*"Tu pueblo reconstruirá las ruinas antiguas
y levantará los cimientos de antaño; serás
llamado 'reparador de muros derruidos',
'restaurador de calles transitables'".*

ISAÍAS 58:12

Avance

SI QUEREMOS AVANZAR, DEBEMOS dejar de mirar atrás. ¿Por qué? Porque nuestra vida seguirá a nuestros pensamientos. Si pensamos constantemente en todas las cosas negativas que nos han ocurrido, concentrándonos en todas las cosas que hemos hecho mal, estaremos perpetuando el problema. Nunca seremos realmente felices mientras alberguemos amargura en nuestro corazón.

Quizás estemos culpando a Dios por haberse llevado a nuestros seres queridos o porque nuestra situación no ha mejorado, a pesar de haber orado por ella. Si no lidiamos con esos pensamientos, viviremos con lástima de nosotros mismos. Debemos soltar esas actitudes negativas y la ira que las acompaña. Suéltelas.

Cambie de *canal*

"Los que viven conforme a la naturaleza pecaminosa fijan la mente en los deseos de tal naturaleza; en cambio, los que viven conforme al Espíritu fijan la mente en los deseos del Espíritu".
ROMANOS 8:5

SI VEMOS ALGO QUE NO NOS gusta en la televisión, simplemente cambiamos de canal con el control remoto. Debemos aprender a cambiar los canales mentales cuando una imagen negativa del pasado aparezca en nuestra mente de forma inesperada. Por desgracia, cuando algunos ven esas experiencias negativas en la "pantalla" de su mente, en vez de cambiar el canal rápidamente, buscan una silla y unas palomitas de maíz como si fueran a ver una buena película. De forma intencional reviven todo el dolor y la pena. Y después se preguntan por qué están deprimidos, tristes o desanimados.

Aprenda a cambiar de canal, no permita que su mente o sus emociones lo arrastren a la depresión. En vez de eso, recréese en las cosas buenas que Dios ha hecho en su vida.

"Jesús le respondió: 'Nadie que mire atrás después de poner la mano en el arado es apto para el Reino de Dios'".
LUCAS 9:62

No mire hacia atrás

CUANDO CONTINUAMOS reviviendo los recuerdos dolorosos del pasado, rechazamos el deseo de Dios de traer sanación. Justo cuando estamos a punto de sanar, comenzamos a hablar del problema y a verlo en nuestra imaginación. De repente, comenzamos a sentir las mismas emociones otra vez, abriendo las viejas heridas. No sanaremos completamente hasta que no aprendamos a no tocar más el pasado. Cuando pensamos en las experiencias dolorosas del pasado, nuestras emociones nos acompañan y sentimos el dolor tan vívidamente en el presente como cuando ocurrió hace veinte años.

Rehúsese a revivir recuerdos negativos. Recordar experiencias dolorosas no le hará bien; de hecho, revivir emociones negativas tiene el potencial de minar severamente su progreso.

Lidiando con una pérdida

"Pasados los días de duelo, José se dirigió así a los miembros de la corte del faraón".
GÉNESIS 50:4

QUIZÁ ESTA MAÑANA USTED todavía está lidiando con la pérdida de un ser querido. Después de que mi padre murió, recuerdo haber estado solo en la casa de mis padres, y haber caminado por el estudio donde él sufrió el infarto. En mi imaginación, podía ver todo ocurriendo de nuevo, y comenzaba a revivir todos los sentimientos de desesperanza, tristeza y desánimo que experimenté esa noche. Pero más que recordar el dolor del pasado, me propuse comenzar a recordar todos los momentos buenos que mi padre y yo vivimos en ese estudio. En mi mente, podía ver a mi padre jugando con nuestros hijos. Recordaba su gran sentido del humor.

Dese cuenta de que esto no ocurrió de forma natural: fue una decisión que tuve que tomar. Y usted también debe tomarla.

*"Dentro de tu templo, oh Dios,
meditamos en tu gran amor".*
SALMO 48:9

Deseche
la *llave*

*T*ODOS TENEMOS DOS ARCHIVOS principales en nuestro sistema de memoria. El primer archivo está lleno de todas las cosas buenas que nos han pasado en la vida: nuestros triunfos y logros, las cosas que nos han traído gozo y felicidad. El segundo archivo está lleno de todas las cosas negativas: nuestros dolores y penas, derrotas y fracasos, cosas que nos traen tristeza y pesar. En la vida podemos escoger cuáles archivos utilizar. Algunos individuos regresan repetidamente al archivo número dos y reviven las cosas dolorosas que les han ocurrido, pero nunca se acercan a explorar el archivo número uno.

Si queremos ser libres, si queremos dejar de tener lástima por nosotros mismos, debemos desechar la llave del archivo número dos. Mantenga su mente enfocada en las cosas buenas que Dios ha hecho en su vida.

Suelte el equipaje

"Mis maldades me abruman, son una carga demasiado pesada".
SALMO 38:4

*M*UCHA GENTE SE PREGUNTA POR qué no es feliz. Con frecuencia, la razón es que van arrastrando con todo lo que les va ocurriendo. Alguien los ofendió la semana pasada, guardan esa herida en su maleta. Perdieron los estribos y dijeron algunas cosas que no debieron haber dicho, y también guardaron eso en la maleta. Cuando eran niños no fueron bien tratados, tienen la maleta repleta de ese rencor. Lo peor es que arrastran su equipaje con ellos a dondequiera que van. No solo se aferran a su equipaje, sino que les gusta desempacarlo de vez en cuando para asegurarse de que todo está allí. Han estado cargando esas pesadas maletas durante años, y se sienten abrumados por su colección de cargas.

Esta mañana, suelte cualquier equipaje emocional que esté arrastrando, ¡y entre a una vida rica y plena!

"Cada corazón conoce sus propias amarguras, y ningún extraño comparte su alegría".
PROVERBIOS 14:10

Déjelo de lado

*M*ARÍA (NOMBRE FICTICIO) TUVO una relación matrimonial fallida hace muchos años. Ella le pidió a Dios que trajera una nueva persona a su vida. Conoció a un caballero, un hombre de Dios, exitoso y consagrado, y estaba muy emocionada por esa amistad. Pero cuando estaban juntos, lo único de lo que ella podía hablar era de lo terrible que había sido su matrimonio. Finalmente, él dejo de llamarla y continuó con su vida.

Si nos aferramos al dolor del pasado, nos envenenará a donde sea que vayamos y nos impedirá desarrollar relaciones buenas y saludables. Quizás usted piense que los demás son el problema, pero examine su corazón. Deje de sufrir por algo que ya terminó. Dios dice que usted debe dejar de lado y desechar cualquier cosa que le estorbe (ver Hebreos 12:1).

Cosas buenas preparadas

"Me has dado a conocer la senda de la vida; me llenarás de alegría en tu presencia, y de dicha eterna a tu derecha".
SALMO 16:11

*A*MIGO, DIOS ES MÁS GRANDE QUE su pasado, sus desilusiones y sus problemas. Quizá usted cometió un montón de errores, pero Dios puede darle un giro a todo eso. Quizá la gente lo lastimó y le hizo daño, pero si usted lo deja en manos de Dios, Él dará a cada quien lo que se merece. Él enderezará todo en su vida. Debemos enfocarnos en nuestras posibilidades y dejar que nuestro corazón se llene de esperanza.

No importa por lo que haya pasado, Dios le está diciendo que le esperan días grandiosos. Diga: "No seré prisionero de mi pasado. Ya fue suficiente. Dejaré de pensar constantemente en mis decepciones. Continuaré con mi vida, sabiendo que Dios tiene cosas buenas preparadas para mí". Si usted desarrolla ese tipo de actitud, Dios le dará un nuevo comienzo.

"Cuando Jesús lo vio allí, tirado en el suelo, y se enteró de que ya tenía mucho tiempo de estar así, le preguntó: ¿Quieres quedar sano?'".

JUAN 5:6

Levántese y empiece a *moverse*

$\mathcal{U}$N HOMBRE EN JERUSALÉN HABÍA estado lisiado durante treinta y ocho años. Pasaba todos los días de su vida recostado cerca del estanque de Betesda, esperando que ocurriera un milagro (ver Juan 5). Cuando Jesús vio a ese hombre allí acostado, le hizo una pregunta simple y directa: "¿Quieres ser sano?". La respuesta del hombre fue interesante. Comenzó a enumerar una lista de excusas. "Estoy solo. No tengo a nadie que me ayude". No sorprende que con esa actitud no haya sido sanado.

Jesús lo miró y le dijo, en efecto: "Si de verdad quieres ser sanado, si quieres salir de este desastre, levántate del suelo, toma tu catre y vete". Cuando el hombre hizo lo que Jesús le dijo, ¡fue sanado milagrosamente!

Avance hacia su futuro

"Por tanto, también nosotros, que estamos rodeados de una multitud tan grande de testigos, despojémonos del lastre que nos estorba, en especial del pecado que nos asedia, y corramos con perseverancia la carrera que tenemos por delante".

HEBREOS 12:1

EN JUAN 5, EL HOMBRE LISIADO tenía una enfermedad crónica muy arraigada, similar a la que muchas personas sufren hoy en día. Nuestro mal puede ser emocional en vez de físico, pero es igualmente una enfermedad crónica y persistente. Puede venir como resultado de la indisposición a perdonar o de aferrarnos a resentimientos; y afecta la personalidad, las relaciones y la imagen personal. Al igual que el hombre recostado junto al pozo, algunas personas se postran durante años esperando que ocurra un milagro que mejore todo.

Si de verdad usted quiere mejorar, no puede andar por la vida compadeciéndose de usted mismo. Deje de buscar excusas. Confíe en Dios, levántese y avance hacia el futuro grandioso que Él le ha preparado.

"¡Sí creo! —exclamó de inmediato el padre del muchacho—. ¡Ayúdame en mi poca fe!".
MARCOS 9:24

¿Quiere sanar?

*N*O TENEMOS QUE VIVIR deprimidos y desanimados si nos negamos a vivir con una mentalidad de víctimas. Usted tal vez se diga: "Simplemente no entiendo por qué me está pasando esto. No entiendo por qué me enfermé. ¿Por qué murió mi ser querido? ¿Por qué se terminó mi matrimonio? ¿Por qué crecí en un ambiente tan abusivo?". Cuidado, no utilice esas excusas para compadecerse de sí mismo, porque se hundirá cada vez más profundo.

Esta mañana puede ser un punto de inflexión en su vida, una temporada de nuevos comienzos. Reúna suficiente fe para decir: "Dios, no lo entiendo, pero confío en que tú sacarás algo bueno de todo esto. Tú eres un Dios bueno, y sé que tú tienes las mejores intenciones para mí. Tú prometiste que dispondrías todas las cosas para mi beneficio". Eso es fe, y esa es la actitud que Dios honra.

Alcance nuevas *alturas*

"Con gran angustia comenzó a orar al Señor y a llorar desconsoladamente".
1 SAMUEL 1:10

CUANDO MI MADRE ERA UNA NIÑA, sufrió la horrible enfermedad de la polio. Ella tuvo que usar un dispositivo en la pierna durante muchos años, y hasta el sol de hoy tiene una pierna más corta que la otra. Mi madre pudo fácilmente haber dicho: "Dios, ¿por qué me pasa esto a mí?", pero se negó a verse como una víctima y Dios la sacó de esa dificultad.

Las dificultades pueden amargarnos o hacernos mejores personas. Pueden arrastrarnos y hacernos personas desagradables o pueden inspirarnos a alcanzar nuevas alturas. Es fácil inventar excusas, tener una mala actitud, o una baja autoestima. Cualquiera puede hacer eso. Pero si usted quiere vivir su mejor vida ahora, debe buscar a Dios, sacudirse la actitud de derrota, levantarse y avanzar.

"No juzguen, y no se les juzgará. No condenen, y no se les condenará. Perdonen, y se les perdonará".
LUCAS 6:37

No se amargue

*E*L REY DAVID ORÓ Y AYUNÓ durante siete días, pero a pesar de ello su hijo recién nacido murió (ver Samuel 12:1–25). Aunque David estaba extremadamente angustiado, no se amargó ni cuestionó a Dios. En vez de eso, se atrevió a confiar en Dios en medio de su dolor. Lavó su rostro y continuó con su vida.

Cuando atravesamos situaciones que no entendemos, no debemos amargarnos. Debemos aprender a hacer lo que hizo David: lavarnos el rostro, mantener una buena actitud y continuar. Dios nos ha prometido que si permanecemos con una actitud de fe y victoria, Él sanará esas heridas emocionales. Él las usará en nuestro beneficio, y saldremos mejor de lo que estaríamos si eso no nos hubiese ocurrido.

La pregunta: "¿Por qué?"

"¡Lejos de ti el hacer tal cosa! Tú, que eres el Juez de toda la tierra, ¿no harás justicia?".
GÉNESIS 18:25

NO PIERDA UN MINUTO MÁS tratando de entender por qué le han ocurrido algunas cosas malas a usted o a sus seres queridos. Es posible que nunca sepa la respuesta. Pero no use esto como excusa para revolcarse en la derrota. Deje de pensar en eso y continúe con su vida. Confíe en Dios y acepte el hecho de que habrá algunas preguntas sin respuesta. Solo porque usted no sepa la respuesta, no significa que no exista una.

Cada uno de nosotros debería tener una carpeta que se llame "No lo entiendo". Cuando le pase algo para lo cual no tenga una respuesta razonable, en vez de estancarse en el "¿Por qué?", simplemente colóquelo en esta carpeta, y libérese de la atadura emocional en la cual ha estado viviendo.

> *"Busquen la paz con todos, y la santidad, sin la cual nadie verá al Señor. Asegúrense de que nadie deje de alcanzar la gracia de Dios; de que ninguna raíz amarga brote y cause dificultades y corrompa a muchos"*
> HEBREOS 12:14–15

Vaya a la *raíz*

MUCHA GENTE TRATA DE mejorar su vida lidiando con los aspectos externos. Tratan de dejar sus malos hábitos, su mal genio, o su personalidad negativa y amargada. Tratar de cambiar el fruto de nuestras vidas es una acción noble, pero a menos que lleguemos a la raíz, jamás cambiaremos el fruto. Mientras una raíz interna de amargura siga creciendo, los problemas continuarán. Podemos controlar nuestro comportamiento o mantener una buena actitud durante un tiempo, pero no seremos libres.

Debemos ir más adentro y llegar a la raíz para poder lidiar con el problema, resolverlo y comenzar a cambiar realmente.

El poder del *perdón*

"Perdónanos nuestras deudas, como también nosotros hemos perdonado a nuestros deudores".
MATEO 6:12

SI HAY ASPECTOS EN SU VIDA CON los cuales está luchando constantemente y que intenta cambiar pero sin éxito, pídale a Dios que le muestre lo que le está impidiendo ser libre.

Una joven mujer una vez buscó a mi padre para pedirle ayuda espiritual. Había sido violada por varios chicos cuando era adolescente. A raíz de eso, no podía tener relaciones íntimas con su esposo. Ella se dio cuenta de que toda esa ira y ese odio que había en su corazón estaban afectando su relación con su esposo. Ella sabía que no iba a ser fácil perdonar a esos hombres, pero se negó a dejar que su pasado continuara envenenando su presente o su futuro. A partir de ese momento de perdón, ella pudo disfrutar una relación saludable con su esposo. Ella fue a la raíz para poder lidiar con el fruto.

"Él mismo, en su cuerpo, llevó al madero nuestros pecados, para que muramos al pecado y vivamos para la justicia. Por sus heridas ustedes han sido sanados".
1 PEDRO 2:24

No cobre las deudas

PARA VIVIR EL MOMENTO presente, debemos olvidar a esas personas que nos han lastimado en el pasado. Con demasiada frecuencia tratamos de cobrar nuestras deudas a los demás. Cuando alguien nos hiere, sentimos como que nos deben algo. ¡Alguien tiene que pagar por el dolor que hemos sufrido! Así que la tomamos con otras personas, aunque no tengan nada que ver en el asunto.

He aquí el problema: solo Dios puede pagar esa deuda, no los demás. Más aun, no podemos arrastrar algo que ocurrió en el pasado a nuestras relaciones actuales. No castigue a su cónyuge, a sus hijos, a sus amigos o a sus compañeros de trabajo por algo que ocurrió hace tiempo. En vez de eso, entrégueselo a Dios y mantenga su corazón libre de amargura y resentimiento.

Comience cada día desde *cero*

"Si se enojan, no pequen. No dejen que el sol se ponga estando aún enojados".
EFESIOS 4:26

*L*AS ESCRITURAS NOS ENSEÑAN A tener una nueva actitud cada mañana, especialmente en nuestras relaciones familiares. No debemos permitir que los pequeños problemas crezcan, ni albergar rencor o resentimiento. No debemos dejar que las malas actitudes se desarrollen. Debemos hacer lo posible por mantener nuestro corazón libre y limpio, o con el pasar del tiempo surgirán la ira y la amargura, y eso afectará nuestras relaciones.

Cada mañana perdone a quienes lo han lastimado, y olvídese de sus decepciones y fracasos. Cada mañana, reciba la misericordia de Dios por los errores que ha cometido, y perdone a los demás por el dolor que han podido infligirle. El día de hoy concéntrese en sus posibilidades, concéntrese en lo que puede cambiar y no en lo que no puede cambiar.

"¡Alaben al Señor porque Él es bueno, y su gran amor perdura para siempre!"
1 CRÓNICAS 16:34

Reciba su misericordia

LO QUE ESTÁ HECHO, HECHO ESTÁ, y necesitamos entender eso. Si el día de ayer usted se salió de sus casillas, deje de pensar en eso. No puede deshacerlo, así que pida perdón y trate de actuar mejor el día de hoy. ¿Su jefe fue grosero con usted? Olvídelo. No vaya mañana a trabajar a la defensiva. Es un nuevo día. ¿No recibió su ascenso? No se preocupe, Dios debe tener algo mejor para usted.

Responsabilícese por sus palabras y actos. Si hizo daño, ofendió a alguien o hirió a alguien, debe pedirle perdón a esa persona. Pero si está tratando de arreglar algo que usted sabe que no se puede arreglar, y ha hecho todo lo que puede, simplemente déjelo en manos de Dios. Reciba su misericordia y viva su mejor vida, ahora.

Deshágase del veneno

"Examíname, oh Dios, y sondea mi corazón; ponme a prueba y sondea mis pensamientos. Fíjate si voy por mal camino, y guíame por el camino eterno".
SALMO 139:23–24

*H*ACE AÑOS, EN UN PUEBLO remoto de África, la población estaba muriendo porque su reserva de agua, que provenía de un riachuelo que estaba contaminado. Los buzos quedaron atónitos al descubrir que unos cerdos se habían ahogado y habían quedados atrapados en la abertura de la fuente, contaminando el agua cristalina que bajaba de la montaña. Los buzos retiraron los cerdos muertos, y el agua limpia comenzó a fluir.

Algo parecido pasa en nuestras vidas cuando nos negamos a olvidar y una raíz de amargura se arraiga, contaminando nuestra alma. Necesitamos deshacernos del veneno que está contaminando nuestra vida. Piense en eso esta mañana y perdone a quienes lo haya lastimado. Escoja vivir el presente en libertad y desde cero.

"De aquel que cree en mí, como dice la Escritura, brotarán ríos de agua viva".
JUAN 7:38

El agua *viva*

*C*UANDO NOS NEGAMOS A perdonar, la amargura envenena nuestro corazón. Peor aún, después de un tiempo, la aceptamos como parte de nuestra personalidad. Decimos: "Solo soy una persona con mal genio. Siempre soy sarcástico y nervioso. Así soy yo". No, usted no es así. Usted fue creado para ser un río de aguas cristalinas. Dios lo creó a su imagen para que disfrutara la vida plenamente, no para vivir con amargura y resentimiento, contaminado y putrefacto, y contaminando a los demás a su alrededor.

Pero no importa lo contaminado que el riachuelo de su vida pueda estar en este momento. Si comienza a perdonar a quienes lo han ofendido, y a liberar todo el dolor y la pena, esa amargura se irá y comenzará a experimentar el gozo, la paz y la libertad que Dios quiere que tenga.

Sea rápido para perdonar

"Acerquémonos, pues, a Dios con corazón sincero y con la plena seguridad que da la fe, interiormente purificados de una conciencia culpable y exteriormente lavados con agua pura".
HEBREOS 10:22

USUALMENTE, SON LAS COSAS pequeñas las que nos meten en problemas. Quizás su cónyuge no está compartiendo tanto tiempo con usted como a usted le gustaría, y usted empieza a mostrarse resentido, sarcástico, críptico o poco amistoso. En vez de perdonar rápidamente, dejando ir todo el dolor, lo enterramos silenciosamente dentro de nuestro corazón y de nuestra mente. No queremos hablar del tema. Queremos ignorarlo y esperamos que se nos pase. Pero eso no ocurre.

No permita que su corazón se contamine. Sea rápido para perdonar y el gozo del Señor brotará en su corazón como una fuente en la montaña.

"Enséñanos a contar bien nuestros días, para que nuestro corazón adquiera sabiduría"
SALMO 90:12

Cuente sus días

*N*UESTRO TIEMPO EN ESTA TIERRA es demasiado corto. Es una verdadera lástima dejar que algo que ocurrió en el pasado arruine un día más de nuestra vida. Si se encuentra inevitablemente atrapado en el tráfico, sepa que Dios aún controla la situación. Si alguien nos ofende, nuestra actitud debe ser: *No voy a permitir que esto me arruine el resto del día. Mi viaje ha de ser ligero. No voy a cargar ningún peso adicional.*

Yo he programado mi mente para hacer lo posible para disfrutar cada día. Quizá cometa errores y las cosas me salgan mal. Quizá a veces me decepcione, pero he tomado la decisión de no permitir que lo que me pase o no me pase me robe mi alegría y me impida disfrutar de la vida abundante de Dios.

Comience cada día *limpio*

"Tampoco yo te condeno. Ahora vete, y no vuelvas a pecar".
JUAN 8:11

A VECES CUANDO NOS LEVANTAMOS en la mañana, nos ponemos a recordar todos los errores que cometimos el día anterior: todas las veces que nos equivocamos, nuestras malas actitudes, o si fuimos indisciplinados. Pero no debemos comenzar el día de ese modo. Levántese en la mañana y diga: "Padre, te agradezco porque hoy será un gran día. Te agradezco porque tengo disciplina y autocontrol, y porque tomo buenas decisiones. Quizá ayer no hice lo que debía hacer, pero ya ese día pasó. Hoy me levantaré y lo haré mejor".

Cuando nos levantamos sintiendo culpa por el ayer, si no lo corregimos en ese preciso instante, también nos arruinará el día presente. Nos sentiremos deprimidos y derrotados. No caiga en esa trampa.

"Tan lejos de nosotros echó nuestras transgresiones como lejos del oriente está el occidente".
SALMO 103:12

Olvide lo que *Dios* olvida

CUANDO COMETAMOS ERRORES, debemos pedirle a Dios que nos perdone y continuar con nuestras vidas, confiados en que en el momento en que se lo pidamos a Dios, Él nos perdonará. Y no solo nos perdonará, sino que se olvidará de nuestros errores. Si alguien le sigue recordando incidentes negativos de su pasado, no será precisamente Dios. Dios no lleva registro de eso. Él no va a devolverse a revisar sus archivos del pasado y decirle: "Espera un momento. Encontré algo del año 2005. No puedo bendecirte".

En lo que respecta a Dios, no tenemos pasado. Está perdonado y olvidado. Estamos listos para un presente grandioso y un futuro brillante. Dios se olvida del pasado. La pregunta es: ¿Lo olvidará usted? ¿Dejará de recordar lo que Dios ha decidido olvidar?

El Dios de las *segundas* oportunidades

"Si confesamos nuestros pecados, Dios, que es fiel y justo, nos los perdonará y nos limpiará de toda maldad".
1 JUAN 1:9

*E*L ANTIGUO TESTAMENTO registra que el rey David ordenó que un hombre fuera asesinado para él poder casarse con su esposa. Pero cuando David se arrepintió, Dios lo perdonó y lo siguió usando en gran manera. Un hombre llamado Saulo odiaba a los cristianos y los encarcelaba. Pero Dios lo perdonó, le cambió el nombre a Pablo, y este hombre terminó escribiendo casi la mitad del Nuevo Testamento.

Todos cometemos errores, pero Dios no nos descalifica por haber fallado. Él es el Dios de las segundas oportunidades. Quizás usted perdió el plan A para su vida, pero Dios tiene un plan B, un plan C, un plan D y un plan E. Dios siempre encontrará la manera de llevarnos a nuestro destino final, si confiamos en Él.

"Me ha enviado a darles una corona en vez de cenizas, aceite de alegría en vez de luto, traje de fiesta en vez de espíritu de desaliento. Serán llamados robles de justicia, plantío del Señor , para mostrar su gloria".
ISAÍAS 61:3

Una corona por cenizas

MI PADRE SE CASÓ JOVEN Y, tristemente, el matrimonio acabó en divorcio. Sus sueños se desbarataron por sus malas elecciones, y él pensó que no se casaría jamás. Él pudo haberse dado por vencido en el cumplimiento de su destino divino, pero papá tomó la decisión de recibir la misericordia de Dios. Poco a poco Dios restauró su vida y su ministerio y, con el tiempo, se enamoró y se casó nuevamente. Fue pastor en la iglesia Lakewood durante más de cuarenta años, y actualmente los cinco hijos de mi padre estamos trabajando en el ministerio. Dios tomó lo que el enemigo había hecho con maldad, lo transformó y lo utilizó para bien.

Dios le dio a mi padre una corona por sus cenizas, y Él puede hacer lo mismo por usted.

Sacúdase la culpa

"Por eso estamos todos tan amedrentados y descorazonados frente a ustedes. Yo sé que el Señor y Dios es Dios de dioses tanto en el cielo como en la tierra".
JOSUÉ 2:11

RAHAB ERA UNA PROSTITUTA QUE vivía en Jericó. Aun así, ella puso su fe en Dios y la confesó a los espías judíos, y Dios la usó para ayudar a los hijos de Israel a alcanzar una victoria gloriosa (ver Jos. 2). Ella pudo haberse sentido culpable y condenada para hacer algo así. Pero a pesar de que no podía hacer nada en cuanto su pasado, ella sí podía e hizo algo en su presente para ayudar a los espías.

Nadie está demasiado lejos de la gracia de Dios, independientemente de lo que haya hecho. Quizás usted ha cometido algunos errores graves y ahora vive con un sentimiento de culpa o de descalificación. Pero Dios aún nos ama y su misericordia no tiene fin. Pídale perdón y continúe con su vida. Dios puede cumplir el plan grandioso que tiene para usted.

*"¡Levántate y resplandece, que
tu luz ha llegado! ¡La gloria
del Señor brilla sobre ti!"*
ISAÍAS 60:1

Elimine esa mentalidad de víctima

*H*OY EN DÍA MUCHA GENTE VIVE con una mentalidad de víctima. Se enfocan demasiado en lo que les ha tocado vivir, quejándose de lo injusto que fue, sin darse cuenta de que están arrastrando las penas del pasado al presente. Es como si se levantaran cada mañana, llenaran una carretilla con basura del pasado y la trajeran al día de hoy.

¡Olvídese de esa basura! S pasado no tiene por qué envenenar su futuro. Solo porque ha atravesado algún dolor o pena, o porque uno o algunos de sus sueños se frustraron, no quiere decir que Dios no tenga otro plan. Dios aún tiene un futuro brillante deparado para nosotros.

Viva en la *luz*

"Porque ustedes antes eran oscuridad, pero ahora son luz en el Señor. Vivan como hijos de luz (el fruto de la luz consiste en toda bondad, justicia y verdad)".
EFESIOS 5:8–9

TODOS QUEREMOS LIBRARNOS DEL pasado, pero para hacerlo debemos entender este principio fundamental: el pasado es el pasado. No podemos deshacer nada de lo que nos ha ocurrido. No podemos revivir un simple momento del pasado. Pero sí podemos hacer algo hoy. Nuestra actitud debe ser: *Me niego a estancarme en las cosas negativas que me han ocurrido. No voy a pensar en lo que he perdido. No me voy a centrar en lo que pudo o debió haber sido. Hoy es un nuevo día y voy a empezar a avanzar, seguro de que Dios me tiene deparado un futuro brillante.*

Si lo hacemos, Dios nos dará un nuevo comienzo.

"Durante treinta días los israelitas lloraron a Moisés en las llanuras de Moab, guardando así el tiempo de luto acostumbrado".
DEUTERONOMIO 34:8

Una mentalidad de *vencedor*

ℰN EL ANTIGUO TESTAMENTO, cuando la gente estaba de duelo o tenía alguna clase de pérdida, marcaban su frente con ceniza para demostrar su pena. Este tipo de duelo era permitido y esperado. Pero es interesante que al pueblo de Dios se le permitía el duelo durante un período de tiempo determinado y luego Dios les decía que continuaran con sus vidas.

Con nosotros es igual. Cuando atravesamos una pérdida o desilusión, Dios no espera que no sintamos nada. Está bien pasar por un período de aflicción. Pero no se quede estancado. No permita que esa temporada de duelo se convierta en un estilo de vida amargo y negativo. Dios quiere transformar todo eso. Comience a tener una mentalidad de vencedor esta mañana.

Salga de las cenizas

"Mi siervo Moisés ha muerto. Por eso tú y todo este pueblo deberán prepararse para cruzar el río Jordán y entrar a la tierra que les daré a ustedes los israelitas".
JOSUÉ 1:2

EN LA BIBLIA, UN BUEN HOMBRE llamado Job perdió repentinamente a su familia, su salud y su negocio. No es de sorprender que en medio de esa tragedia personal, Job no hiciera buenas elecciones, al menos no al principio. En efecto, Job se sentó en medio de cenizas (ver Job 2:8).

¿Está usted sentado sobre cenizas de derrota? ¿Siente aún amargura porque no recibió el ascenso que esperaba? ¿Su actitud es negativa porque no pudo comprar aquella casa o auto que tanto deseaba? Deje de llorar por lo que ya pasó. Hoy es un día nuevo. Su futuro puede comenzar en este momento.

"Porque la luz es lo que hace que todo sea visible. Por eso se dice: Despiértate, tú que duermes, levántate de entre los muertos, y te alumbrará Cristo".
EFESIOS 5:14

Cristo está brillando

$\mathcal{H}$ACE POCO HABLE CON UNA JOVEN cuyos padres no pudieron enviarla a la universidad, perdió la beca que tenía y no pudo costearse los estudios. Estaba ahora trabajando en un empleo que no le gustaba, y lo que expulsaba era veneno en sus palabras. Estaba tan amargada, que estaba destruyendo su futuro. Yo le dije: "Tienes que soltar todo de eso antes de poder cambiar. Tienes que dejar de pensar en eso, dejar de hablar de eso, dejar de repetirlo todo el tiempo. El enemigo desea mantenerte en la negatividad y en la amargura por el resto de tu vida".

Si usted ha cometido ese error, la buena noticia es que Dios quiere tomar esas experiencias negativas y utilizarlas para su beneficio, si usted se atreve a levantarse y hacer su parte.

Hacia adelante, no hacia atrás

"Pero ellos no me obedecieron ni me prestaron atención, sino que siguieron los consejos de su terco y malvado corazón. Fue así como, en vez de avanzar, retrocedieron".
JEREMÍAS 7:24

*E*L APÓSTOL PABLO ERA apasionado y reflejaba esa actitud en su vida diaria: *Olvidando lo que está atrás y esforzándome por alcanzar lo que está delante* (ver Filipenses 3:13). Yo le recomiendo que adopte la misma actitud esta mañana. Sacúdase las cenizas de las tristezas y decepciones del pasado y dígase a usted mismo: "Tiro a la basura el espejo retrovisor, no volveré a recordar los maltratos ni las veces en las que salí perdiendo. No miraré ni a la derecha ni a la izquierda, sino al frente. Avanzo sabiendo que Dios me tiene deparadas cosas buenas".

Nadie puede poner el fuego de Dios en su alma. Yo le puedo dar ánimo. Sus amigos pueden animarle. Pero no resultará en nada bueno hasta que usted se pare firmemente y tome la decisión de avanzar con Dios.

"Quien encubre su pecado jamás prospera; quien lo confiesa y lo deja, halla perdón".
PROVERBIOS 28:13

Perdone, por su propio bien

$\mathcal{H}$ACE UNAS DÉCADAS, UNAS compañías estadounidenses, autorizadas por el gobierno de Estados Unidos, intentaron enterrar productos de desechos tóxicos. Llenaron enormes tambores metálicos, los sellaron y los enterraron. Sin embargo, después de un tiempo, el contenido comenzó a escaparse y los desechos tóxicos subieron a la superficie, ocasionando terribles problemas: destruyeron la vegetación, arruinaron las reservas de agua y obligaron a la gente a mudarse. ¿Qué pasó? Trataron de enterrar algo que era tan poderoso, que ni siquiera los contenedores pudieron resistirlo. Si los hubieran desechado correctamente, este terrible problema no habría existido.

Lo mismo pasa cuando no perdonamos. Debemos perdonar.

Guarde su *corazón*

"Por sobre todas las cosas cuida tu corazón, porque de él mana la vida".
PROVERBIOS 4:23

*E*N VEZ DE SOLTAR EL DOLOR QUE hemos experimentado, muchos tratamos de enterrarlo muy profundo en nuestros corazones. Tratamos de meter nuestra indisposición al perdón, el resentimiento, la ira y otros sentimientos destructivos dentro de nuestros contenedores "a prueba de derrames", pero tarde o temprano las cosas que hemos puesto en nuestro subconsciente o que hemos enterrado profundamente en nuestro corazón subirán a la superficie. No podemos vivir con un veneno dentro de nosotros y esperar a que con el paso del tiempo no nos haga daño.

El perdón es la clave para liberarnos de la amargura tóxica. Perdone al jefe que le hizo daño. Perdone al amigo que lo traicionó. Perdone al padre que lo maltrató cuando usted era joven. No permita que la raíz de la amargura siga creciendo dentro de usted y contaminando su vida.

"'¿Tienes razón de enfurecerte tanto?', le respondió el Señor".
JONÁS 4:4

Lidiar con lo que llevamos por dentro

¿CÓMO LUCE EL DESECHO TÓXICO del rencor en su vida? Para algunos, brota en forma de ira. Para otros, huele a depresión; para otros, apesta a baja autoestima. Puede aparecer en muchas formas diferentes, algunas veces haciendo daño incluso antes de que nos demos cuentas de su reaparición. La cruda verdad es que si albergamos amargura en nuestro interior, terminará por contaminar todo lo que sale de nosotros. Contaminará nuestra personalidad y nuestras actitudes.

Si está albergando ira, pregúntese por qué. Si siempre está con una actitud negativa hacia usted, hacia los demás o hacia la vida en general, atrévase a preguntarse por qué le está ocurriendo. Usted debe lidiar con lo que está en nuestro interior para poder ser completamente feliz. Solo entonces podrá experimentar la victoria verdadera y pura en nuestras vidas.

Perdone y sea libre

"Más bien, sean bondadosos y compasivos unos con otros, y perdónense mutuamente, así como Dios los perdonó a ustedes en Cristo".
EFESIOS 4:32

SI USTED QUIERE VIVIR SU MEJOR vida ahora, debe ser rápido para perdonar. Necesita perdonar para poder andar libre, sin ataduras; y para ser feliz. Cuando perdonamos no lo hacemos solo por la otra persona, lo hacemos por nuestro propio bien. Cuando nos negamos a perdonar y vivimos con rencor en nuestros corazones, lo único que hacemos es construir muros que nos separan. Creemos que nos estamos protegiendo, pero no es así. Simplemente, estamos sacando a los demás de nuestra vida. Nos volvemos seres aislados, solitarios y prisioneros de nuestra propia amargura. Esos muros no solo no permiten que los demás pasen, también nos mantienen encerrados a nosotros.

Perdone a quienes nos han lastimado para poder salir de la prisión. Perdonar es una elección y no una opción.

*"Cristo nos libertó para que vivamos
en libertad. Por lo tanto, manténganse firmes y no se sometan nuevamente al yugo de esclavitud".*
GÁLATAS 5:1

Perdone completamente

EN 1973, RUDY TOMJANOVICH jugaba baloncesto en la NBA para los Rockets de Houston. En medio de un juego cerrado, un defensa entró al área, y Rudy corrió a toda velocidad para tratar de evitarlo. Cuando llegó, otro jugador lo rodeó y se balanceó tan fuerte como pudo, propinándole a Rudy un fuerte golpe, fracturándole el cráneo, rompiéndole la nariz y los pómulos, casi matándolo. Le tomó varios meses recuperarse.

Cuando se le preguntó si había perdonado al otro jugador, Rudy dijo inmediatamente: "Claro que sí, lo he perdonado completamente [...]. Sabía que si quería continuar con mi vida, debía olvidar eso. No lo hice por él, lo hice por mí. Lo hice para poder ser libre".

La verdadera libertad

"Porque si perdonan a otros sus ofensas, también los perdonará a ustedes su Padre celestial. Pero si no perdonan a otros sus ofensas, tampoco su Padre les perdonará a ustedes las suyas".

MATEO 6:14–15

¿SE DA CUENTA DE QUE LOS MUROS del rencor impiden recibir las bendiciones de Dios en nuestra vida? Esos muros pueden detener el flujo del favor de Dios y evitar que nuestras plegarias sean respondidas. Pueden impedir que nuestros sueños se hagan realidad. Debemos derribar esos muros. Nunca seremos libres hasta que lo hagamos. Debemos sacar esa amargura de nuestra vida, solo así podremos ser libres.

Usted puede experimentar la verdadera sanación física y espiritual si busca en su corazón y está dispuesto a perdonar. Podrá ver el favor de Dios de una forma nueva. Se sorprenderá de lo que puede pasar cuando suelte todo ese veneno.

"Después de haber orado Job por sus amigos, el Señor lo hizo prosperar de nuevo y le dio dos veces más de lo que antes tenía".

JOB 42:10

Restauración a través del perdón

CUANDO ERA NIÑO, UN HOMBRE que asistía a nuestra iglesia tenía las manos tan afectadas por la artritis, que apenas podía usarlas. Pero un día escuchó a mi padre hablando del perdón y de cómo el resentimiento impide que el poder de Dios opere en nuestras vidas, evitando que nuestras oraciones sean respondidas. El hombre comenzó a pedirle a Dios que lo ayudara a librarse de la ira que sentía en su corazón hacia todos aquellos que lo habían lastimado a lo largo de los años. Uno a uno, sus dedos comenzaron a estirarse y, poco tiempo después, Dios restauró sus manos a su estado normal.

Sus oraciones pueden ser respondidas más rápidamente si deja atrás el pasado y se libera de la amargura y el resentimiento.

Revise *su* corazón

"Por eso, confiésense unos a otros sus pecados, y oren unos por otros, para que sean sanados. La oración del justo es poderosa y eficaz".
SANTIAGO 5:16

CUANDO MI MADRE SUPO QUE sufría de cáncer en 1981, lo primero que hizo fue asegurarse de que no tenía rencores en su corazón. Se sentó y escribió cartas a sus amigos y familiares, pidiéndoles que la perdonáramos si alguna vez nos había hecho daño. Ella quería asegurarse de que nada interferiría con el flujo del poder sanador de Dios sobre ella.

Esta mañana, quizás usted tiene asuntos que resolver o personas que necesita perdonar. Puede ignorar estas verdades y dejar que el rencor lo siga envenenando a usted y a todos a su alrededor. O puede hacer una elección más acertada, sacándolo de su corazón, pidiéndole a Dios que lo ayude a perdonar completamente y librándose de ello.

"Éstos confían en sus carros de guerra, aquellos confían en sus corceles, pero nosotros confiamos en el nombre del Señor nuestro Dios".
SALMO 20:7

Confíe en la justicia de Dios

QUE NOS ESTAFEN EN UN NEGOCIO, que un amigo nos traicione, que nos abandone la persona que amamos...ciertamente, este tipo de cosas dejan cicatrices imborrables y hacen que queramos aferrarnos a nuestro dolor. Lo más lógico sería buscar venganza. Muchas personas incluso nos animan a hacerlo. Frases como: "Si buena me la hizo, buena me la paga", son de aceptación general actualmente en la sociedad.

Pero ese no es el plan de Dios para nosotros. La Biblia dice que Dios es justo y que se preocupa y resuelve los problemas de su pueblo (ver Heb. 10:30). Si usted quiere vivir su mejor vida ahora, debe aprender a confiar en que Dios hará justicia en su vida. Coloque los problemas en sus manos y deje que Él los maneje a su antojo.

Hacer lo *correcto* aunque nos lastimen

> *"No tomen venganza, hermanos míos, sino dejen el castigo en las manos de Dios, porque está escrito: 'Mía es la venganza; yo pagaré', dice el Señor".*
> ROMANOS 12:19

DIOS HA PROMETIDO QUE SI ponemos nuestra confianza en Él para que haga justicia en nuestras vidas, Él vengará todas las cosas injustas que nos han pasado (ver Is. 61:7–9). Eso significa que no tenemos necesidad de vengarnos de los demás por todas las cosas malas que nos han hecho. Dios es nuestro vengador. Dejemos que Él pelee nuestras batallas.

Cuando entendemos que no tenemos que resolver todo lo que nos pasa, nos damos cuenta de que no debemos intentar manipular la situación, ni controlar las circunstancias o a las personas involucradas. Deje la venganza en manos de Dios, escoja hacer el bien, responda con amor y espere para ver lo que Dios hará. Recuerde que Dios siempre paga abundantemente.

*"El Señor defenderá a su
pueblo cuando lo vea sin
fuerzas; tendrá compasión
de sus siervos cuando ya no
haya ni esclavos ni libres".*
DEUTERONOMIO 32:36

Deje que *Dios* lo reivindique

*H*ACE UNOS AÑOS VICTORIA Y YO hicimos negocios con un individuo, pero el negocio resultó ser fraudulento y perdimos un montón de dinero. Resistimos la tentación de vengarnos de él y hacerlo sufrir. Fue difícil dejar el asunto en manos de Dios, y tuvimos que recordar constantemente que Dios hace justicia. Esta situación continuó durante varios años sin ningún cambio.

Un día, de la nada, de forma sobrenatural, Dios no solo sacó a este hombre de nuestras vidas, sino que nos pagó abundantemente por todo lo que este hombre nos había quitado. Tristemente, el hombre que nos engañó lo perdió todo. No deseo que eso le pase a nadie, pero esa es también la justicia de Dios. Con el tiempo cosechamos lo que sembramos.

Justicia verdadera

"Si se mantienen firmes, se salvarán".
LUCAS 21:19

Si TRATAMOS DE HACER JUSTICIA por nuestras propias manos con las personas que nos han hecho daño, le estamos cerrando la puerta a Dios para que lo haga. Podemos hacerlo a la manera de Dios o a nuestra manera. Si decimos que le vamos a dar su merecido a quien nos hizo daño, impediremos que Dios se vengue a su manera. Dios puede hacer verdadera justicia en nuestra vida si confiamos en Él.

Quizá usted ha estado atrapado en un problema durante meses, incluso años, y ahora se está preguntando: *¿Será que Dios hará justicia algún día? ¿Será que le importa?* ¡No se dé por vencido! Siga haciendo lo correcto. Dios está edificando su carácter y evaluándolo. Recuerde que cuanto mayor es la lucha, mayor será la recompensa. Debemos confiar en que Dios hará justicia en su momento, no en el nuestro.

"Dichoso el que resiste la tentación porque, al salir aprobado, recibirá la corona de la vida que Dios ha prometido a quienes lo aman".
SANTIAGO 1:12

Respeto y honor

CUANDO DAVID ERA SOLO UN muchacho, fue ungido por el profeta Samuel para ser el próximo rey de Israel. Un tiempo después, David derrotó al gigante Goliat y al instante se convirtió en un héroe en toda la nación. La gente lo quería y su popularidad aumentó en un instante. Pero el rey Saúl comenzó a sentirse extremadamente celoso de David y trató de matarlo. David tuvo que huir a las montañas, yendo de cueva en cueva, mes tras mes.

Irónicamente, David no había hecho nada malo. En vez de rebelarse y tomar el asunto en sus manos, David continuó tratando a Saúl con respeto y honor. Hacer lo correcto no significa que no tendrá un costo asociado.

Respeto a la autoridad

"¡Que el Señor juzgue entre nosotros dos! ¡Y que el Señor me vengue de usted! Pero mi mano no se alzará contra usted".
1 SAMUEL 24:12

CUANDO DAVID SUFRIÓ injustamente a manos del rey Saúl, pudo fácilmente haberse amargado. Pudo haber dicho: "Dios, pensé que me habías escogido para ser rey. ¿Qué está pasando aquí?". Pero David no lo hizo. Él mantuvo una buena actitud negándose a hacerle daño a Saúl, aun cuando tuvo la oportunidad de hacerlo. Aunque Saúl no lo estaba tratando bien, David respetaba su posición de autoridad.

Es fácil respetar a aquellos que ostentan un cargo de autoridad, siempre y cuando sean amables con nosotros y estemos de acuerdo con ellos. Pero la prueba verdadera comienza cuando aparece un "Saúl" en nuestras vidas, cuando alguien nos trata injustamente sin razón aparente. Si mantenemos la actitud correcta, Dios nos ascenderá en el momento adecuado.

*"Bueno es el Señor con
quienes en Él confían, con
todos los que lo buscan".*
LAMENTACIONES 3:25

Superando la desilusión

Uno DE LOS SECRETOS MÁS importantes para alcanzar el futuro grandioso que Dios nos tiene preparado es aprender a superar las desilusiones en la vida. Las desilusiones pueden ser obstáculos formidables, ya que nos impiden olvidarnos del pasado. Necesitamos estar seguros de que hemos lidiado con esto, antes de dar el primer paso para vivir a nuestro máximo potencial.

Con frecuencia, derrotar la desilusión y superar el pasado son lados de una misma moneda, especialmente cuando estamos decepcionados de nosotros mismos. Cuando cometemos un error, no debemos aferrarnos a eso ni castigarnos por ello. Debemos admitirlo, pedir perdón y continuar. Sea rápido para olvidar sus errores, fracasos, penas, dolores y pecados. No permita que sus fracasos se conviertan en su identidad.

Siga confiando

> *"Lo secreto le pertenece al Señor nuestro Dios, pero lo revelado nos pertenece a nosotros y a nuestros hijos para siempre, para que obedezcamos todas las palabras de esta ley".*
> DEUTERONOMIO 29:29

ODOS ENFRENTAMOS DESENGAÑOS de vez en cuando. Independientemente de cuanta fe tengamos o de cuán buena persona seamos, tarde o temprano algo (¡O alguien!) hará tambalear nuestra fe hasta sus cimientos. Puede ser algo simple, como no calificar para un préstamo para comprar esa casa que tanto deseábamos. O puede ser algo más grave: un matrimonio que se desmorona, la muerte de un ser querido, o una enfermedad debilitante e incurable. Sea cual sea la causa, la desilusión tiene el potencial de descarrilarnos y también a nuestra fe.

Reconozca anticipadamente que las decepciones vendrán. Esté preparado y confíe en Dios cuando eso ocurra.

"El Señor mismo marchará al frente de ti y estará contigo; nunca te dejará ni te abandonará. No temas ni te desanimes".

DEUTERONOMIO 31:8

El dolor *lastima*

La DESILUSIÓN CASI SIEMPRE acompaña al fracaso. Si perdemos nuestro trabajo, lo más probable es que experimentemos una fuerte desilusión. Si atravesamos por un rompimiento, nos dolerá. Si perdemos a un ser querido, hay un período de duelo, un tiempo de dolor. Eso es lo normal y lo que se espera.

Cuando sufrimos una pérdida, nadie espera que seamos rocas impenetrables o islas inaccesibles en medio del mar. Ni siquiera Dios espera que seamos tan fuertes como para ignorar las decepciones de la vida, desechándolas como si fuésemos inmunes al dolor. ¡No! Cuando experimentamos fracasos o pérdidas, es normal sentir remordimiento o dolor. Así nos hizo Dios. Confíe en que Él estará a su lado cuando esto ocurra.

La fe en tiempo *presente*

"Vendrán y cantarán jubilosos en las alturas de Sion; disfrutarán de las bondades del Señor: el trigo, el vino nuevo y el aceite, las crías de las ovejas y las vacas. Serán como un jardín bien regado, y no volverán a desmayar".
JEREMÍAS 31:12

CUÁNDO SUFRIMOS PÉRDIDAS o fracasos, es natural sentir remordimientos y dolor. Así nos hizo Dios, pero debemos tomar la decisión de seguir adelante. Eso no pasará automáticamente, tendremos que levantarnos y decir: "No importa que sea tan difícil, no permitiré que esto se robe lo mejor de mí".

No viva con arrepentimiento, remordimiento ni dolor. Eso solo interferirá con su fe. La fe siempre debe ser una realidad en tiempo presente, no un recuerdo lejano. Dios le dará un giro a esos desengaños. Tomará sus cicatrices y las transformará en estrellas, para su gloria.

"¡Señor [. . .] ¿Por qué entonces toleras a los traidores? ¿Por qué guardas silencio mientras los impíos se tragan a los justos?".
HABACUC 1:12–13

Un *período* de duelo

AL ENEMIGO LE ENCANTA engañarnos para que terminemos desechos y sintiendo lástima de nosotros mismos. "¿Por qué me pasa esto a mí?", "Dios no responde mis plegarias", "¿Por qué mi matrimonio terminó en divorcio?", "¿Por qué mi negocio no prosperó?", "¿Por qué perdí a mi ser querido?", "¿Por qué las cosas no funcionan en mi vida?".

Todas estas preguntas pueden ser válidas, incluso dignas de ser tomadas en consideración, pero si todavía se siente triste por algo que ocurrió hace un año o más, ¡algo está mal! Usted está bloqueando su futuro. Deje de malgastar su tiempo tratando de entender algo que ya no puede cambiar. Es hora de continuar y comenzar a vivir su mejor vida ahora.

Dios tiene otro plan

"Reprime tu llanto, las lágrimas de tus ojos, pues tus obras tendrán su recompensa: tus hijos volverán del país enemigo, afirma el Señor. Se vislumbra esperanza en tu futuro: tus hijos volverán a su patria, afirma el Señor".
JEREMÍAS 31:16–17

A VECES, NO IMPORTA CUÁNTO oremos, las cosas no salen como hubiéramos deseado. Algunos oran para que su matrimonio sea restaurado; otros, le piden a Dios que resuelva un problema entre compañeros de trabajo. Yo animo a las personas a seguir orando y creyendo que sucederán cosas buenas. Pero también debemos entender que Dios no cambiará la voluntad de la gente. Él le ha dado libre albedrío a todos los seres humanos, para que hagan lo correcto o lo incorrecto.

Quizás nos encontremos tristes por el fracaso de nuestra relación, o porque nuestro negocio está en bancarrota. Pero no debemos cargar con todo ese dolor año tras año. No deje que el rechazo se encone en su interior. Dios tiene algo nuevo para usted.

> *"Conozco tus obras. Mira que delante de ti he dejado abierta una puerta que nadie puede cerrar. Ya sé que tus fuerzas son pocas, pero has obedecido mi palabra y no has renegado de mi nombre".*
>
> APOCALIPSIS 3:8

Convierta las desilusiones en *posibilidades*

CUANDO DIOS PERMITE QUE UNA puerta se cierre, abrirá otra puerta, revelándonos algo más grande y mejor. La Biblia dice que Dios se llevará el mal que el enemigo traiga a nuestras vidas, le dará un vuelco, y lo usará en nuestro beneficio (ver Gn. 50:20). Él desea tomar esas decepciones y convertirlas en posibilidades. Pero entienda que experimentar todas esas cosas buenas depende en gran medida de la disposición que tenga de olvidar el pasado.

Deje de vivir con una mentalidad negativa, insistiendo en algo que ya terminó. Enfóquese en lo que usted puede cambiar, en vez de en lo que no. Sacúdase todos lo "debí haber, pude haber, habría" de su mente, y no permita que el arrepentimiento de ayer destruya los sueños de mañana.

Dios de restauración

"En verdes pastos me hace descansar. Junto a tranquilas aguas me conduce; me infunde nuevas fuerzas".
SALMO 23:2–3

$\mathcal{N}$O PODEMOS HACER NADA POR LO que ya pasó, pero podemos hacer mucho por lo que falta por hacer. Quizás usted ha tomado algunas malas decisiones que le han producido mucha pena y dolor. Quizás se siente que no califica para recibir lo mejor de Dios, y está convencido de que debe aceptar recibir cualquier cosa durante el resto de su vida.

Peor aún, quizá fue la mala decisión de otra persona lo que le produjo ese dolor desgarrador. No importa, deje de pensar en eso. Perdone a la persona que le originó el problema y empiece de cero esta mañana. Si continúa pensando en esas decepciones del pasado, bloqueará las bendiciones que Dios tiene para su vida hoy. Simplemente no vale la pena. Más allá de eso, Dios desea nuestra restauración, ¡incluso más que nosotros mismos!

> *"¿Cuánto tiempo vas a quedarte llorando por Saúl, si ya lo he rechazado como rey de Israel?".*
> 1 SAMUEL 16:1

¿Cuánto tiempo?

$\mathcal{P}$OR INSTRUCCIONES DE DIOS, Samuel había declarado que Saúl sería rey de Israel. Luego Samuel hizo lo posible por ayudar a Saúl a ser un buen rey. Desafortunadamente, este desobedeció a Dios, y Dios con el tiempo lo rechazó como rey. Samuel estaba devastado y decepcionado. Pero cuando Samuel se encontraba rezumando su dolor, Dios le preguntó hasta cuando iba a llorar por Saúl.

Quizás hayamos invertido mucho tiempo, esfuerzo, dinero y energía en una relación; hicimos lo posible para que funcionara. Pero por alguna razón, fracasó y nos sentimos defraudados. Quizás Dios nos está haciendo una pregunta similar el día de hoy: "¿Hasta cuándo estarás llorando por los sueños rotos?". Cuando nos centramos en las desilusiones, evitamos que Dios nos traiga nuevas bendiciones.

Una actitud nueva

"Mejor llena de aceite tu cuerno, y ponte en camino. Voy a enviarte a Belén, a la casa de Isaí, pues he escogido como rey a uno de sus hijos".
1 SAMUEL 16:1

DIOS LE DIO INSTRUCCIONES claras a Samuel: "Si dejas de llorar por Saúl y continúas con tu vida, te enseñaré un futuro nuevo y mejor". Sí, Saúl fue la primera elección de Dios, pero Dios siempre tiene otro plan. Note lo que Dios le dijo a Samuel que hiciera: "Llena de aceite tu cuerno". Ten una nueva actitud. Pon una sonrisa en tu cara. Que tu paso vuelva a ser alegre y que tu vida continúe.

Si Samuel se hubiera revolcado en su decepción, no habría conocido al rey David, uno de los reyes más importantes de la Biblia. De forma similar, nos arriesgamos a perdernos las cosas nuevas que Dios quiere hacer en nuestra vida. ¡Es hora de continuar!

"El que estaba sentado en el trono dijo: '¡Yo hago nuevas todas las cosas!'".
APOCALIPSIS 21:5

Todo *nuevo*

CONOZCO UN HOMBRE QUE perdió a su esposa en un trágico accidente automovilístico hace más de diez años, ¡y aún está de luto! Traté de animarlo, pero constantemente inventaba excusas, culpando a Dios y a otras personas. Me di cuenta de que él en realidad no quería mejorar. Era conocido como "el hombre que perdió a su esposa". Incluso tenía varios artículos periodísticos del accidente sobre la mesita de la sala para recordar el dolor del pasado. Tristemente, este hombre permitió que la tragedia se convirtiera en su identidad. Actualmente, vive una vida de depresión y derrota. Él permitió que una época de duelo se transformara en un duelo de por vida.

Dios quiere darnos un nuevo comienzo, pero no podrá hasta que no dejemos el pasado atrás.

Vestido de *fiesta*

"Convertiste mi lamento en danza; me quitaste la ropa de luto y me vestiste de fiesta".
SALMO 30:11

$\mathcal{M}$UCHOS INDIVIDUOS SE PASAN LA vida mirando el retrovisor y pensando en lo que pudo haber sido o lo que debió haber sido, siempre reviviendo el dolor del pasado. Si le han ocurrido cosas injustas, debe tomar hoy la decisión de olvidar todo eso, o eso se convertirá en un obstáculo para lo que Dios quiere hacer en su vida.

Las Escrituras dicen que Dios quiere darnos una corona en lugar de cenizas, alegría en lugar de duelo (ver Is. 61:1–3). Pero con la siguiente condición: debemos dejar atrás las cenizas para que Dios nos pueda dar la corona. Las cenizas representan lo que queda después de que algo ha sido quemado: nuestros sueños rotos, nuestras desilusiones, nuestro dolor, nuestros fracasos. Todos tenemos nuestra porción de cenizas, y Dios quiere darnos una corona a cambio de ellas.

"Ante Él expongo mis quejas; ante Él expreso mis angustias".
SALMO 142:2

Sueños nuevos

CUANDO ESTEMOS TENTADOS A sentir lástima por nosotros mismos y quejarnos de lo injusta que es la vida, debemos hacernos una pregunta difícil: "¿Quiero en realidad sentirme bien, o me he comenzado a sentir cómodo con lo que soy en la vida?". No permita que sus fracasos se conviertan en su identidad. En otras palabras: pase la página. Deje de hablar de eso. Deje de abrir la vieja herida una y otra vez. Tal vez ha sufrido mucho por causa de un divorcio, pero es tiempo de olvidar. Siga con su vida. Deje de sufrir por algo que no puede cambiar.

Si quiere que Dios le de sueños nuevos, debe olvidarse de sus sueños frustrados. Deje de recrearse en sus decepciones. Perdone a los que le hicieron daño. Suelte toda amargura, y entonces Dios le dará un nuevo comienzo.

Viva en positivo

"Modestas parecerán tus primeras riquezas, comparadas con tu prosperidad futura".
JOB 8:7

DIOS SIEMPRE DESEA HACER ALGO nuevo en nuestra vida, así como eliminar las cosas viejas. Es necesario que dejemos de pensar en cosas que nos recuerden las penas del pasado, que evoquen lo negativo y recuerdos dolorosos. En mi caso, por ejemplo, yo no acostumbro visitar la tumba de mi padre, porque eso no es lo que quiero recordar de él. En vez de eso, tenemos fotos en nuestra casa de mi padre con mis hijos, y otras escenas que nos traen recuerdos felices. Si ir a la tumba de sus seres queridos a usted le trae paz, está bien. Pero si abre todas esas viejas heridas, entonces no lo haga. Eso no es saludable.

Amigo, Dios siempre tiene un nuevo comienzo. La verdadera pregunta es: ¿Está usted dispuesto a continuar su vida manteniendo una buena actitud, con la convicción de que Dios tiene un futuro brillante para usted?

"El Señor es mi pastor, nada me falta".
SALMO 23:1

Encuentre la *fuerza* en la adversidad

*T*AL VEZ USTED ESTÁ experimentando algún tipo de adversidad hoy en su vida. Quizá la convivencia con alguien cercano es difícil. Quizá no le gusta su trabajo, o tiene otro obstáculo en su camino. Independientemente de lo que esté ocurriendo en su vida, entienda esto: las temporadas difíciles nos hacen crecer. Es allí cuando nuestra fe se fortalece. Es allí cuando Dios hace su trabajo en nosotros. Puede ser incómodo, quizás no nos guste, pero si logramos mantener la actitud adecuada, Dios promete utilizar esa dificultad en nuestro beneficio.

Nuestra actitud en la adversidad debe ser: *Dios, sé que controlas completamente mi vida y que estoy exactamente donde tú quieres que esté, así que seguiré lleno de fe.*

Permanezca firme

"Manténganse alerta;
permanezcan firmes en la fe;
sean valientes y fuertes".
1 CORINTIOS 16:13

*N*UESTRA FE SE PARECE A UN músculo. A mayor resistencia, más fuerza. Se ejercita cuando lo encogemos y lo estiramos. Esa es la razón por la cual Dios normalmente no nos libra de la adversidad o de situaciones incómodas de un día para el otro. Él utiliza esos momentos para fortalecer nuestros "músculos espirituales".

Algunas personas viven desilusionadas porque su vida no es exactamente como desearían que fuera. No son felices, a menos que todas las cosas les salgan perfectas, que todo el mundo los trate bien y sean inmunes a las situaciones incómodas. Es decir, ¡no son felices nunca! De paso, ese es un estilo de vida muy superficial. Y si perdemos nuestra alegría cada vez que algo negativo nos ocurre, el enemigo se asegurará de que siempre exista algo o alguien que nos amargue. No cometa usted ese error.

"Hermanos míos, considérense muy dichosos cuando tengan que enfrentarse con diversas pruebas, pues ya saben que la prueba de su fe produce constancia".
SANTIAGO 1:2–3

Pruebas a nuestra fe

QUIZÁS USTED TIENE MILES DE razones para ser infeliz, pero no caiga en esa trampa. Elija disfrutar cada día a pesar de sus problemas. Cada día que pasamos con una actitud negativa, dominados por el desánimo, es un día malgastado. ¡Y qué lástima malgastar lo que Dios nos ha dado!

Debemos entender que las adversidades son simplemente una prueba a nuestra fe. Tal vez Dios quiere ver cómo tratamos a los demás cuando somos maltratados. ¿Qué tipo de actitud tendrá si sus oraciones no son respondidas rápidamente? Nuestro carácter se desarrolla en los momentos difíciles. Algo ocurre en el interior; Dios nos hace crecer. Si Él nos librara inmediatamente de cada problema, jamás llegaríamos a ser las personas que Dios realmente quiere que seamos.

El fuego purificador de Dios

"Queridos hermanos, no se extrañen del fuego de la prueba que están soportando, como si fuera algo insólito".
1 PEDRO 4:12

*C*UANDO LA ADVERSIDAD TOCA A la puerta, algunos piensan inmediatamente que han hecho algo malo, que Dios seguramente los está castigando. Amigo mío, Dios no permitirá que una dificultad llegue a su vida si no tiene un propósito con ella. Es verdad, a veces no podemos entender lo que nos está pasando o por qué nos está pasando, pero debemos aprender a creer que Dios traerá algo bueno con eso.

Dios le dice: "No creas que es gran cosa atravesar estos momentos difíciles". Aprenda a cooperar con Dios y a ser rápido para cambiar y corregir los aspectos que Él le muestre. Solo así pasará esa prueba y ascenderá al siguiente nivel.

"Toda rama que en mí no da fruto, la corta; pero toda rama que da fruto la poda para que dé más fruto todavía".
JUAN 15:2

Siga *cambiando*

$\mathcal{H}$E DESCUBIERTO QUE DIOS ESTÁ más interesado en cambiarnos a nosotros que en cambiar nuestras circunstancias. No estoy diciendo que Dios no nos librará de nuestras luchas cambiando nuestras circunstancias, sino que la mayoría de las veces Dios usa la adversidad para resaltar las impurezas en nuestro carácter o los aspectos en los cuales necesitamos mejorar. Dios deliberadamente usa algunas situaciones como un espejo para que podamos reconocer el problema en nosotros y aprender a tratarlo. Él trabaja en nosotros para que podamos ser los individuos que Él realmente quiere que seamos.

Dios puede usar personas como nuestro cónyuge o nuestros hijos, y ciertas situaciones en nuestra vida, para que sean el espejo involuntario que revele los aspectos en los que necesitamos cambiar. Examínese bien y haga los cambios necesarios.

El hierro se *afila* con el hierro

"El hierro se afila con el hierro, y el hombre en el trato con el hombre".
PROVERBIOS 27:17

QUIZÁ HAY ALGUIEN A QUIEN usted no soporta y se pregunta cuando Dios cambiará a esa persona. ¿Alguna vez ha pensado que Dios pudo haber planeado mantenerlo cerca de esa persona para cambiarlo a usted? Quizás está tratando de fortalecerlo un poco y enseñarle a resistir, a no huir ante las dificultades, la incomodidad o los inconvenientes.

Dios no cambiará a nadie a nuestro alrededor hasta que nosotros no cambiemos primero. Si dejamos de quejarnos de aquellos que nos rodean, inmediatamente comenzaremos a ver un poco más allá y a trabajar con Dios para cambiar nosotros mismos, y Dios cambiará entonces a las personas que nos rodean. Comience hoy a examinar su corazón y a ver si hay actitudes y motivos que necesita cambiar.

"Esto es para ustedes motivo de gran alegría, a pesar de que hasta ahora han tenido que sufrir diversas pruebas por un tiempo".
1 PEDRO 1:6

Permita que Dios lo *cambie*

QUIZÁS USTED ESTÁ HOY EN MEDIO de una prueba y le está pidiendo a Dios que lo saque de esa situación adversa. Es una petición legítima, pero tal vez usted no entiende primeramente por qué está atravesando por eso.

Debemos reconocer que Dios nos está moldeando y refinando. Podemos orar, podemos resistir, atar el problema, podemos cantar y gritar, pero con ello no haremos absolutamente nada si el propósito de Dios es cambiarnos. Y cuanto antes aprendamos la lección y comencemos a lidiar con nuestras malas actitudes y controlar nuestras emociones, entonces ascenderemos al siguiente nivel en nuestro viaje espiritual. No podemos escapar de todas las dificultades de la vida.

En manos del alfarero

"A pesar de todo, Señor, tú eres nuestro Padre; nosotros somos el barro, y tú el alfarero. Todos somos obra de tu mano".
ISAÍAS 64:8

SEGURAMENTE USTED SE preocupa y se atemoriza cuando las cosas importantes no salen según lo esperado. ¿Alguna vez ha pensado que Dios puede permite estas cosas para enseñarnos a confiar en Él y ver si podemos estar en paz y calmados en medio de la tormenta? Tal vez está tratando de fortalecernos, de ayudarnos a desarrollar resistencia y estabilidad en nuestra vida.

La arcilla funciona mejor cuando está blanda, manejable y flexible. Pero si somos rígidos, porfiados y testarudos, Dios tendrá que machacar esa dura arcilla para eliminar los grumos. Debemos estar dispuestos a aceptar lo que sea que Dios nos traiga. En vez de resistirse, trabaje con Él en el proceso de refinamiento.

"Ocúpense en su salvación".
FILIPENSES 2:12 (RVC)

Trabaje con Dios

CIERTAMENTE, A NADIE LE GUSTAN las pruebas, pero tenemos que entender que nuestras pruebas pueden ser oportunidades para progresar y ascender. Aquello contra lo que usted está luchando con todas sus fuerzas, puede ser el trampolín que lo catapulte a un nuevo nivel de excelencia.

Un águila no puede volar sin la resistencia del aire. Un pez no puede flotar sin la resistencia del agua. Nosotros no podríamos ni siquiera caminar sin la resistencia de la gravedad. Sin oposición o resistencia, el potencial para progresar no existiría. No existen atajos; no hay una forma fácil de madurar, física, emocional o espiritualmente. Debemos estar decididos y trabajar con Dios. La salvación es más que una oración esporádica. Es colaborar constantemente con Dios, lidiando con las cosas que Él trae a nuestra vida, manteniendo la mejor actitud.

Una *actitud* agradecida

"¡Cuán bueno, Señor, es darte gracias y entonar, oh Altísimo, salmos a tu nombre; proclamar tu gran amor por la mañana, y tu fidelidad por la noche".

SALMO 92:1-2

¿ALGUNA VEZ HA PENSADO QUE quizá Dios no responde sus oraciones porque usted no ha sido agradecido con lo que Él ha hecho por usted? Las Escrituras nos dicen que debemos agradecer a Dios constantemente, y que debemos vivir con una actitud agradecida.

Puede que usted diga: "He tenido muchas desilusiones. El año pasado perdí mi negocio. Mi matrimonio no funciona. He perdido mucho. ¿Cómo quiere que sea agradecido?". Si no fuera por la bondad de Dios, pudo haberlo perdido todo. Si no fuera por la misericordia de Dios, ni siquiera estaría aquí hoy. Deje de ver lo que ha perdido y comience a agradecer a Dios por lo que le queda.

> *"¡Pero gracias a Dios, que nos da la victoria por medio de nuestro Señor Jesucristo!".*
> 1 CORINTIOS 15:57

Que el agradeci-miento sea para Dios

$\mathcal{M}$I AMIGO FREDDIE LAMB SE encontraba en el hombrillo de la autopista cambiando un neumático reventado cuando un conductor ebrio lo chocó y lo aplastó con su propio automóvil. Como resultado del incidente, Freddie perdió ambas piernas desde la rodilla hacia abajo. Unos días después del accidente, mis padres fueron al hospital a visitarlo, pensando que estaría devastado por esa pérdida. Pero Freddie solo hablaba de cómo Dios le había salvado la vida. Freddie no estaba enfocado en lo que había perdido, estaba agradecido con Dios por lo que le había dado. Actualmente Freddie Lamb tiene un par de prótesis nuevas y, dondequiera que va, les cuenta a las personas lo que Dios hizo por Él.

Tome hoy la decisión de tener una actitud de agradecimiento a Dios.

Enfóquese en lo que está *bien*

"Háganlo todo sin quejas ni contiendas, para que sean intachables y puros, hijos de Dios".
FILIPENSES 2:14–15

$\mathcal{M}$UCHAS PERSONAS GASTAN SU vida quejándose, enfocándose siempre en lo que está mal. Ven lo negativo de cada situación, y aun así se preguntan por qué no disfrutan la vida. La verdadera razón es que tienen una actitud desagradecida. Es un asunto del corazón, y si no van a la raíz del problema y comienzan a ser más agradecidos, su situación nunca cambiará.

Dios no nos dio la boca para quejarnos. Quizá no tengamos hoy todo lo que deseamos. De hecho, puede que estemos lidiando con muchos problemas, pero quejarnos solo empeorará las cosas. Deje de llevar la cuenta de todo lo que está mal y empiece a agradecer a Dios por lo que está bien, por lo que Dios ha hecho o lo que le ha dado. Hasta que no desarrollemos una actitud agradecida, permaneceremos exactamente donde estamos.

"¡Que ofrezcan sacrificios de gratitud, y jubilosos proclamen sus obras!".
SALMO 107:22

Cambie su *perspectiva*

NUESTRA VIDA PODRÍA DAR UN giro de ciento ochenta grados si tan solo cambiáramos nuestra perspectiva y comenzáramos a ser más agradecidos. Recuerde esto: independientemente de cuántas cosas negativas haya en su vida, a alguien le encantaría estar en su lugar. Quizá no tenga el trabajo perfecto, pero si estuviera sin trabajo y no pudiera pagar sus cuentas durante seis meses, le aseguro que desearía tener su antiguo trabajo.

La actitud ha de ser: "Puede que este trabajo no me guste, pero es una bendición tenerlo. Quizá no me guste esta casa donde vivo, pero, ¿qué haría si no tuviera donde vivir? Quizá no disfruto particularmente de la persona con quién me casé, pero, ¿qué pasaría si esa persona algún día se fuera?". Necesitamos observar nuestra situación desde un punto de vista diferente.

El *hábito* de agradecer

> *"Por eso, Dios nuestro, te damos gracias, y a tu glorioso nombre tributamos alabanzas".*
> 1 CRÓNICAS 29:13

ALGUNOS PADRES SE QUEJAN constantemente de sus hijos. "Estos niños me enloquecen. Hacen tanto desastre". ¿Sabía usted que algunas parejas gastan miles de dólares y pasan por todo tipo de procedimientos médicos para poder tener hijos? Ellos darían lo que fuera por tener la oportunidad de limpiar ese desastre.

Cuando conduzca al trabajo, cuando vaya a la iglesia, cuando se levante en la mañana, dé gracias a Dios, independientemente de lo que esté pasando. Si usted tiene quince dólares en su bolsillo, ¡se encuentra dentro del ocho por ciento de las personas más ricas del planeta! Tenemos tanto que agradecer. Debemos adquirir la costumbre de agradecer a Dios a lo largo del día. Comience por agradecerle por este nuevo día.

"Arraigados y edificados en Él, confirmados en la fe como se les enseñó, y llenos de gratitud".
COLOSENSES 2:7

Disfrute la "vida normal"

*E*S FÁCIL PENSAR: *NO PUEDO SER feliz. No me pasa nada emocionante.* Pero si un ser querido se enfermara, o perdiéramos nuestro empleo, entonces desearíamos nuestra vida "aburrida". Desearíamos estar nuevamente en la situación que tenemos ahora. ¿Por qué no toma la decisión de agradecer lo que Dios ha hecho en su vida? No menosprecie su "vida normal". No espere hasta que algo le sea arrebatado para apreciar realmente lo que tiene.

Aprenda a disfrutar lo que Dios le ha dado. Dedíquele tiempo a sus seres amados. Deje de trabajar todo el día. Cuando llegue al final de su vida, nunca ser arrepentirá de haber compartido con su familia. Nadie en su lecho de muerte dice: "Si tuviera la oportunidad de comenzar todo de nuevo, pasaría más tiempo en la oficina".

Lo más importante

"Un soplo nada más es el mortal".
SALMO 39:5

ALGUNOS ME DICEN: "JOEL, NI siquiera tengo tiempo para cumplir con mis tareas diarias, mucho menos para compartir con mi familia". Eso es cierto, pero cuando usted llegue al final de su vida, aún tendrá cosas por hacer. Su horario nunca disminuirá por sí solo. Aparte tiempo para lo más importante. Si no consigue tiempo para compartir con las personas que ama, nadie lo hará por usted.

Todos los que han sufrido enfermedades graves, sin excepción, opinan lo mismo: sienten mayor aprecio por la vida. Se dan cuenta de que cada nuevo amanecer es un regalo de Dios. Necesitamos aprender a vivir cada día a plenitud, como si fuera nuestro último día.

"Por lo tanto, no se angustien
por el mañana, el cual
tendrá sus propios afanes".
MATEO 6:34

Días maravillosos

$\mathcal{U}$N JOVEN CON QUIEN SOLÍA JUGAR baloncesto comenzó a tener problemas en uno de sus ojos. Fue al médico y le diagnosticaron cáncer en el ojo. Como existían grandes probabilidades de perder la visión, estaba devastado. Sin embargo, durante la cirugía los médicos descubrieron que en vez de cáncer el problema era un hongo extremadamente inusual, el cual podían retirar sin afectar su visión. Cuando el joven escuchó la buena noticia, dijo: "Este es el mejor día de mi vida".

Piense en esto. Él sencillamente recibió la noticia de que podría seguir viendo. Si usted puede ver y oír, si tiene salud, si tiene familia y amigos, si tiene empleo, comida y un sitio donde vivir, aprenda a apreciar esas cosas. Dé gracias a Dios por todo lo que tiene.

Alabe a
Dios

> *"Entren por sus puertas con acción de gracias; vengan a sus atrios con himnos de alabanza; denle gracias, alaben su nombre".*
> SALMO 100:4

ME GUSTA EMPEZAR EL DÍA agradeciendo a Dios por las cosas básicas: "Padre, gracias por mi salud. Gracias por mis hijos, gracias por mi familia, gracias por mi hogar. Padre, gracias por todo lo que has hecho por mí". Incluso cuando oro, la mayor parte de mis oraciones tiene que ver con dar gracias a Dios.

Amigo, Dios conoce sus necesidades. Él sabe lo que va a decir incluso antes de que lo diga. No hay nada malo en pedirle cosas a Dios. Las Escrituras nos dicen claramente que debemos acudir a Él para satisfacer nuestras necesidades, pero debemos pasar más tiempo alabándolo por su bondad que pidiéndole. Debemos pasar más tiempo agradeciendo a Dios por lo que ha hecho, que pidiéndole cosas nuevas.

"Alabaré al Señor en todo tiempo; a cada momento pronunciaré sus alabanzas".
SALMO 34:1

Exalte al Señor

 A VIDA ESTÁ RELACIONADA con escoger bajo qué perspectiva veremos las cosas. Podemos quejarnos de nuestro jefe, o agradecerle a Dios por nuestro trabajo. Podemos quejarnos por tener que cortar el césped, o agradecerle a Dios porque tenemos un hermoso patio. Podemos quejarnos del precio de la gasolina, o agradecerle a Dios que tenemos un automóvil.

Hace unos años me encontraba conduciendo bajo una lluvia muy fuerte. Perdí control del automóvil y resbalé en la carretera, chocando contra la defensa y casi chocando contra un enorme camión. Sorprendentemente, salí del accidente sin un rasguño, pero mi automóvil quedó arruinado. Un amigo pensó que yo iba a estar mal por lo de mi automóvil, pero yo solo estaba agradecido de estar vivo. He programado mi mente para exaltar a Dios continuamente.

Siga levantándose

> *"Por lo tanto, pónganse toda la armadura de Dios, para que cuando llegue el día malo puedan resistir hasta el fin con firmeza".*
> EFESIOS 6:13

VIVIR SU MEJOR VIDA AHORA A VECES es difícil. Muchos se dan por vencido fácilmente cuando las cosas no salen como desean, o cuando enfrentan alguna clase de adversidad. En vez de perseverar, se desmoronan. Al poco tiempo se sienten tristes y desanimados, lo cual es comprensible, especialmente si han estado luchando con un problema o debilidad durante mucho tiempo. No es raro llegar a un punto en el cual cedemos.

Pero debemos ser más decididos. La buena noticia es que no tenemos por qué quedarnos en el foso. Aunque no lo demostremos por fuera, debemos levantarnos por dentro. Debemos tener una actitud y una mentalidad de vencedores, y mantener una actitud de fe. Siga levantando su corazón, mente y voluntad.

"El Señor afirma los pasos del hombre cuando le agrada su modo de vivir; podrá tropezar, pero no caerá, porque el Señor lo sostiene de la mano".
SALMO 37:23–24

Endurezca *su* rostro

VIVIR A PLENITUD SIGNIFICA encontrar fuerzas en medio de la adversidad. Nuestras circunstancias a veces nos pueden derribar u obligarnos a detenernos durante un tiempo, pero nunca debemos darnos por vencidos.

Endurezca su rostro como una roca y diga: "Dios, quizás no entiendo esto, pero sé que tú controlas todo. Y tú dijiste que todas las cosas obrarán juntas para mi bien. Dijiste que tomarías lo malo y le darías un giro para mi beneficio. Así que Padre, ¡gracias porque me sacarás de todo esto!". No importa lo que esté enfrentando en la vida, si usted sabe levantarse en su interior, las adversidades no podrán derrotarlo.

No se dé por vencido

"Recurran al Señor y a su fuerza; busquen siempre su rostro".
SALMO 105:4

TAL VEZ USTED RECIBIÓ UN informe médico poco alentador. Tal vez perdió a su mejor cliente en el trabajo. A lo mejor descubrió que su hijo está en problemas. Quizá está enfrentando otros problemas graves y siente que sus pensamientos han cedido a la presión, sumergiéndolo en la tristeza. Tal vez hoy ha hecho todo lo posible por resolver su problema. Ha orado y ha creído. Ha puesto su fe completamente en la Palabra de Dios. Pero parece que nada bueno está pasando. Ahora se siente tentado a decir: "¿De qué sirve todo esto? Nada va a cambiar".

¡No se dé por vencido! Manténgase firme. Siga orando, siga creyendo, siga manteniendo la fe. La Biblia dice: "Así que no pierdan la confianza, porque esta será grandemente recompensada" (ver Heb. 10:35).

*"¡Ánimo! ¡Luchemos con valor
por nuestro pueblo y por las
ciudades de nuestro Dios!".*
2 SAMUEL 10:12

Permanezca firme

EN UNA OCASIÓN ME DISPONÍA A hablar con un hombre que ganaba muy bien en un cargo prestigioso, pero que de repente había sido despedido. Yo estaba seguro de que estaría devastado. Pero cuando vino a verme, me dijo: "Joel, ¡estoy ansioso de ver lo que Dios me tiene reservado! Había sido golpeado, pero tenía mentalidad de ganador. Su actitud era: *Esta situación no me va a derrotar o a robarme mi gozo. Sé que cuando una puerta se cierra, Dios abre otra puerta más grande y mejor.*

El día de hoy, usted puede decir: "Aunque el enemigo me lance su mejor golpe, nunca será lo suficientemente bueno para vencerme. Cuando todo haya terminado, cuando el humo se disperse y el polvo se asiente, aún permaneceré firme".

*Anímese
en el
Señor*

> *"David se alarmó, pues la tropa hablaba
> de apedrearlo; y es que todos se sen-
> tían amargados por la pérdida de sus
> hijos e hijas. Pero cobró ánimo y puso
> su confianza en el Señor su Dios".*
>
> 1 SAMUEL 30:6

*A*NTES DE QUE DAVID LLEGARA a ser
rey de Israel, él y sus hombres regresaron
a casa y hallaron que su ciudad había sido
atacada, sus hogares incendiados, sus posesiones saqueadas, y sus mujeres y niños
secuestrados. Pero en vez de quedarse sentados llorando por lo que habían perdido,
David los animó en el Señor y los con-
venció de atacar al enemigo. Mientras luchaban, Dios obró de forma sobrenatural,
ayudándolos a recuperar todo lo que les
había sido robado.

Para vivir su mejor vida ahora, usted
debe trabajar su voluntad, no solo sus
emociones. A veces eso significa que
debe dar pasos de fe, incluso cuando esté
sufriendo las consecuencias de un ataque
del enemigo. Desarrolle una mentalidad
de vencedor y observe lo que Dios comienza a hacer.

"Así que no pierdan la confianza, porque ésta será grandemente recompensada. Ustedes necesitan perseverar para que, después de haber cumplido la voluntad de Dios, reciban lo que Él ha prometido".

HEBREOS 10:35–36

Persevere

EL DÍA DE HOY USTED QUIZÁ SE encuentra a la espera de que Dios cambie su situación. *Después de eso,* podrá ser feliz; *después de eso* podrá tener una buena actitud; *después de eso,* alabará a Dios. Pero Dios está esperando que usted se levante decididamente en su interior. Necesitará determinación, pero usted puede hacerlo.

Dios quiere que seamos ganadores, no quejumbrosos. No se permita sacar la bandera blanca o rendirse. Muéstrele al enemigo que usted es más decidido que él. Grite bien alto, si tiene que hacerlo: "¡Permaneceré firme en la fe, aunque de ello dependa mi vida entera!". Cuando usted haga su parte, Dios trabajará de forma sobrenatural para cambiar las cosas en su vida.

Aunque el suelo se mueva *bajo* sus pies

"Tu Reino es un Reino eterno; tu dominio permanece por todas las edades. Fiel es el Señor a su palabra y bondadoso en todas sus obras. El Señor levanta a los caídos y sostiene a los agobiados".
SALMO 145:13–14

AMIGO, LA VIDA ES DEMASIADO corta para vivirla deprimidos y derrotados. Independientemente de lo que nos haya ocurrido o de lo que nos haya hecho resbalar y caer; independientemente de lo que esté tratando de derrumbarnos, necesitamos seguir levantándonos en nuestro interior. No fuimos creados para vivir deprimidos y derrotados. Un espíritu negativo seca nuestra energía y debilita nuestro sistema inmune. Muchos viven con dolencias físicas y ataduras emocionales porque no se levantan en su interior.

Si quiere ocasionarle un colapso nervioso a su enemigo, ¡aprenda a mantener una buena actitud, aunque el suelo se mueva bajo sus pies! Manténgase firme y pelee la buena batalla de la fe.

> *"Estén siempre alegres, oren sin cesar, den gracias a Dios en toda situación, porque esta es su voluntad para ustedes en Cristo Jesús".*
> 1 TESALONIENSES 5:16–18

Un espíritu *decidido*

*M*UCHAS PERSONAS CUANDO enfrenta adversidades permiten que las dudas nublen su determinación, debilitando su fe. No perseveran, no mantienen una buena actitud. La ciencia médica nos dice que las personas con un espíritu decidido y resuelto sanan más rápidamente que aquellos que tienen tendencia a la negatividad y el desánimo. Eso es porque Dios nos creó para ser personas decididas.

Libérese de esa mentalidad que le dice que usted no puede lograrlo, que no puede ser feliz, que tiene demasiados obstáculos que superar. Son solo mentiras del enemigo. Aprenda a aprovechar el poder del "yo sí puedo" que Dios colocó en su interior. Todos tenemos una razón para agradecer a Dios, así que regocíjese y siéntase feliz.

No retroceda

"Pelea la buena batalla de la fe; haz tuya la vida eterna, a la que fuiste llamado y por la cual hiciste aquella admirable declaración de fe delante de muchos testigos".
1 TIMOTEO 6:12

CUANDO ERA NIÑO, MI FAMILIA tenía un enorme pastor alemán llamado Scooter, que era el consentido del vecindario. Scooter parecía que podía vencer a un tigre. Pero un día un pequeño chihuahua salió corriendo disparado hacia Scooter, ladrando con todas sus fuerzas. Mientras el perrito se acercaba, Scooter iba agachando su cabeza como un cobarde. Cuando el chihuahua llegó frente a Scooter, este último se acostó, rodó por el suelo y levantó las cuatro patas en el aire.

Nosotros hacemos algo parecido: sabemos que tenemos todos los recursos de Dios a nuestra disposición, pero cuando la adversidad nos ladra, rodamos por el piso y decimos: "Renuncio. Esto es demasiado difícil". Es hora de aprovechar el poder de Dios, levantarnos y luchar.

"Por cuanto el Señor omnipotente me ayuda, no seré humillado. Por eso endurecí mi rostro como el pedernal, y sé que no seré avergonzado".
ISAÍAS 50:7

Atravesando la oscuridad

¿ESTÁ USTED ATRAVESANDO UN momento difícil en su vida? Quizá alguien lo engañó, se aprovechó de usted o lo maltrató, y ahora usted está tentado a echarse a morir por lo que perdió, pensando en lo injusto que fue y en que su vida ya no será la misma. Tal vez está desgastado y cansado, pensando en cuán injusto fue todo, listo para darse por vencido.

Usted debe abandonar esa mentalidad de derrota y empezar a pensar y a creer en las cosas positivas. No hay razón para que viva eternamente "según las circunstancias", siempre triste, siempre desanimado. Su actitud debe ser: *¡Saldré de esto!* No importa cuántas veces caiga, levántese otra vez. Dios ve su determinación y su decisión. Y cuando agote sus fuerzas, entonces Dios actuará y hará lo que usted no puede hacer.

Confíe en el tiempo de *Dios*

"Pues la visión se realizará en el tiempo señalado; marcha hacia su cumplimiento, y no dejará de cumplirse. Aunque parezca tardar, espérala; porque sin falta vendrá".
HABACUC 2:3

COMO SERES HUMANOS, TENEMOS la tendencia a desear las cosas de inmediato. Cuando pedimos que nuestros sueños se hagan realidad, queremos que se materialicen en el momento. Pero debemos entender que Dios tiene un tiempo estipulado para responder nuestras peticiones y hacer que nuestros sueños se cumplan. Y la verdad es que no importa cuánto deseemos que las cosas ocurran, eso no va a cambiar el tiempo que Dios ha determinado.

Todos tenemos que esperar y aprender a confiar en Dios. La pregunta es si esperaremos con buena actitud y anhelantes, sabiendo que Dios está obrando aunque lo veamos o no. Debemos estar seguros de que tras el telón, Dios está juntando todas las piezas.

"Así que acerquémonos confiadamente al trono de la gracia para recibir misericordia y hallar la gracia que nos ayude en el momento que más la necesitemos".
HEBREOS 4:16

Dios está al *control*

DIOS NO ES COMO UN CAJERO automático, donde podemos recibir lo que pedimos presionando la clave correcta. Las oraciones no siempre son respondidas durante las veinticuatro horas siguientes. Con frecuencia Dios trabaja más cuando menos lo vemos y sentimos.

Cuando no entendemos los tiempos de Dios, vivimos tristes y frustrados, preguntándonos cuándo Dios hará aquello que deseamos. Pero cuando entendemos los tiempos de Dios, no vivimos angustiados. Podemos relajarnos, sabiendo que Dios controla la situación, y que "a la hora señalada", Él hará que suceda. Quizás sea la próxima semana, el próximo año, o dentro de diez años. Cuando ocurra, veremos la culminación de todo lo que Dios ha estado haciendo.

No hace falta esforzarse

"Porque el que entra en el reposo de Dios descansa también de sus obras, así como Dios descansó de las suyas".
HEBREOS 4:10

CUÁNDO VIVIMOS CONFIANDO EN Dios, en realidad no tenemos necesidad de esforzarnos. Podemos estar en paz, sabiendo que en el momento correcto Dios cumplirá sus promesas, y lo hará sin un segundo de retraso. Si usted es soltero y desea casarse, no tiene por qué rogarle a Dios incesantemente que le envíe a alguien. Si usted de verdad cree que los miembros de su familia desarrollarán una relación con Dios, no tiene por qué enseñarles la Biblia a cada instante. Si tiene aspectos en su vida que necesita mejorar, no tiene que castigarse porque no avanza lo suficientemente rápido.

Cuando de verdad vivimos por fe, podemos relajarnos y "descansar" en Dios. Usted sabe y confía totalmente en que Él hará sus sueños realidad.

"Pero yo, Señor, en ti confío, y digo: 'Tú eres mi Dios'. Mi vida entera está en tus manos".
SALMO 31:14–15

En manos de *Dios*

DAVID TENÍA UN GRAN SUEÑO PARA su vida: quería marcar la diferencia, pero de joven pasó muchos años como pastor, cuidando las ovejas de su padre. Estoy seguro de que muchas veces estuvo tentado a pensar que Dios se había olvidado de él. Debió haber pensado: *Dios, ¿qué estoy haciendo aquí? Aquí no hay futuro. ¿Cuándo vas a cambiar esta situación?* Pero David entendía los tiempos de Dios. Él sabía que si era fiel en la oscuridad, Dios haría sus sueños realidad en el momento correcto.

Ya conocemos la historia. Dios sacó a David de esos campos, lo hizo vencer a Goliat y con el tiempo llegó a ser rey de Israel. La felicidad comienza con nuestra actitud, y es recompensada con paciencia.

Siéntase satisfecho

"No digo esto porque esté necesitado, pues he aprendido a estar satisfecho en cualquier situación en que me encuentre".
FILIPENSES 4:11

A LO MEJOR USTED TIENE UN sueño en su corazón: sueña con un matrimonio mejor, tener su propio negocio, ayudar a las personas en problemas; pero no ve que su sueño sea humanamente posible.

¡Tengo buenas noticias para usted! Dios no está limitado por la manera física o humana de hacer las cosas. Si no puede ver a Dios actuando en su vida en este momento, es porque sus peticiones no son lo mejor que Dios puede darle y probablemente no serán respondidas de la manera que usted quiere, o porque no es el momento correcto. Si confía en Dios y mantiene una buena actitud aquí y ahora; si no se apura ni trata de forzar las cosas; Dios le recompensará en el momento correcto, en el instante adecuado. Él hará sus sueños realidad. ¡Descanse en Él!

"Porque mis pensamientos no son los de ustedes, ni sus caminos son los míos, afirma el Señor. Mis caminos y mis pensamientos son más altos que los de ustedes; ¡más altos que los cielos sobre la tierra!".

ISAÍAS 55:8-9

Dios *ve* el cuadro completo

*N*O SIEMPRE ENTENDEMOS LOS métodos de Dios; sus maneras no siempre tienen sentido para nosotros; pero tenemos que darnos cuenta de que Dios ve el cuadro completo. Piense en esto: tal vez nosotros estamos listos para el plan que Dios nos tiene preparado, pero alguien más que también está involucrado en el plan, aún no lo está. Dios tiene que hacer un trabajo en otra persona o situación antes de que nuestra oración sea respondida de acuerdo con su voluntad para nuestra vida. Todas las piezas tienen que unirse para que sea el tiempo perfecto de Dios.

Para vivir su mejor vida ahora, usted debe aprender a confiar en los tiempos de Dios. Deje que Dios lo haga a su manera. La respuesta llegará, y llegará justo a tiempo.

En el momento *perfecto*

"No nos cansemos de hacer el bien, porque a su debido tiempo cosecharemos si no nos damos por vencidos".
GÁLATAS 6:9

TAL VEZ ESTA MAÑANA USTED SE siente frustrado porque siente que el plan de Dios para usted no se está materializando. Pero no debe tener miedo: Dios está juntando todas las piezas para echar a andar su plan en su vida. Aunque no pueda verlo o sentirlo, Él está trabajando a su favor desde mucho antes de que el problema apareciera.

No se impaciente, ni trate de abrir puertas a la fuerza. No use sus propios medios para forzar las cosas. Tal vez su situación luce igual que hace diez años; pero un día, en un abrir y cerrar de ojos, Dios juntará todas las piezas. Cuando sea el tiempo de Dios, todas las fuerzas de la oscuridad no podrán detenerlo. Cuando sea su hora, Dios le dará lo que usted tanto ha esperado.

"En este mundo afrontarán aflicciones, pero ¡anímense! Yo he vencido al mundo".
JUAN 16:33

Más
bendecido

LA ADVERSIDAD Y LAS dificultades son oportunidades para crecer. Es por ello que Dios no nos libra de las cosas negativas que llegan a nuestra vida. "Les ocurrirán cosas negativas —dijo Jesús—, pero este es el secreto, confiad, porque yo he vencido al mundo".

A lo largo de las Escrituras Dios dice que si mantenemos una buena actitud, si permanecemos llenos de gozo y esperanza, aunque Él no detendrá los problemas completamente, cuando todo pase no seremos los mismos. Seremos mucho más bendecidos, saludables y prósperos de lo que éramos. A nadie le gusta el dolor, pero podemos estar llenos de esperanza, sabiendo que Dios nunca malgasta el dolor. Siempre lo usará para nuestro beneficio.

Dios *puede* darle un giro

"Yo les compensaré a ustedes por los años en que todo lo devoró ese gran ejército de langostas que envié contra ustedes".
JOEL 2:25

PIENSE EN JOSÉ. SUS HERMANOS estaban tan celosos de él, que lo vendieron como esclavo. Otros jóvenes estaban disfrutando la vida, pero José estaba encerrado, viviendo en una tierra extranjera. Era muy injusto; y lo que es peor, los problemas y el dolor de José fueron causados por las malas elecciones y la mala actitud de otros.

Pero Dios vio esa injusticia. De alguna manera, Dios puede recompensar todos esos años. Eso fue lo que hizo por José (ver Gn. 41). Aunque José pasó trece años como esclavo y prisionero, Dios restauró su vida y llegó a estar mejor que antes. Al final ostentó una posición de honor como primer ministro de todo Egipto, el segundo al mando después del Faraón. José mantuvo la actitud correcta, y por eso Dios lo sacó de su problema y lo puso mucho mejor de lo que estaba antes.

> *"Vuelvan a su fortaleza, cautivos*
> *de la esperanza, pues hoy*
> *mismo les hago saber que*
> *les devolveré el doble".*
> ZACARÍAS 9:12

Prisioneros de la *esperanza*

*D*EMASIADAS PERSONAS SE SIENTEN desanimadas y derrotadas. Viven con rabia, resentimiento y amargura, sin esperanza. "Pero Joel, tú no sabes por lo que yo he pasado. No sabes lo malo que ha sido mi matrimonio, o lo grande que son mis deudas".

Amigo, deje de pensar en eso. No magnifique sus problemas. Magnifique a su Dios. Cuanto más grande haga a Dios, más pequeños serán sus problemas y más aumentará la fe en su corazón. Dios también lleva los registros de su vida. Si alguien lo maltrató o le hizo daño, no se quede inerte sintiendo lástima por usted mismo. Deje que la esperanza llene su corazón. Sepa que al final Dios le dará el doble de lo que usted tenía. Dios nunca malgastará ninguna situación por la que estemos pasando.

Sujeto a cambio

"Así que no nos fijamos en lo visible sino en lo invisible, ya que lo que se ve es pasajero, mientras que lo que no se ve es eterno".
2 CORINTIOS 4:18

LAS ESCRITURAS NOS ENSEÑAN que no debemos mirar las cosas visibles sino las invisibles; porque las cosas visibles son temporales; pero las invisibles, las que vemos con los ojos de la fe, son eternas. Otra versión dice: "Pues las cosas que ahora podemos ver pronto se habrán ido" (NTV). Esto significa que tal vez su salud o sus finanzas no lucen muy bien hoy, pero eso está sujeto a cambio. Quizás nada está bien en su vida, pero eso está sujeto a cambio.

Cuando vea que su hijo no está viviendo correctamente, en vez de desanimarse y perder la esperanza, mírelo y diga: "Tú estás sujeto a cambio". Mantenga la fe y comience a esperar que las cosas cambien.

"De repente apareció un ángel del Señor y una luz resplandeció en la celda".
HECHOS 12:7

De *repente*

SI QUIERE VER A DIOS restaurando lo que le ha sido quitado, levántese cada mañana esperando que pasen cosas buenas. Tiene que saber que Dios puede darle un giro a todo en un instante. Repentinamente, podemos recibir el milagro que esperábamos. De repente, Dios puede traer a alguien nuevo a nuestras vidas o podemos recibir ese ascenso que esperábamos. Lo único que se necesita es un "de repente". En una fracción de segundo, con un toque del favor de Dios, todo puede cambiar.

Viva con fe y recuerde que Dios quiere restaurar todas sus cosas. Su actitud debe ser: *No voy a quedarme llorando por lo que he perdido. Quizás fui derribado, pero me levantaré de nuevo, seguro de que el Dios Todopoderoso está de mi lado; y si Dios está conmigo, ¿quién estará contra mí?*

Cuando la *vida* no tiene sentido

"Después de haber orado Job por sus amigos, el Señor lo hizo prosperar de nuevo y le dio dos veces más de lo que antes tenía [...]. El Señor bendijo más los últimos años de Job que los primeros.
JOB 42:10, 12

JOB ERA UN HOMBRE BUENO, QUE amaba a Dios. No obstante, perdió su negocio, su ganado, su rebaño, su familia y su salud. Las cosas no podían ir peor para Job, y estoy seguro de que él estaba tentado a sentirse amargado. Pudo haber dicho: "Dios, esto no es justo. No entiendo por qué me está pasando esto".

Pero no, Job sabía que Dios podía darle un vuelco a su situación. Y su respuesta fue: *Aunque me quite la vida, moriré confiando en Dios. Voy a morir esperando lo mejor.* Entonces, cuando todo hubo pasado, Dios no solo le dio un vuelco a la calamidad de Job, sino que le dio el doble de lo que había tenido.

"Él, en cambio, conoce mis caminos; si me pusiera a prueba, saldría yo puro como el oro".
JOB 23:10

Fe sostenedora

$\mathcal{A}$YER EN LA MAÑANA, LEÍMOS sobre Job. El no solo perdió a sus hijos, sino que su propia esposa le dijo: "Job, maldice a Dios y muérete" (ver Job 2:9). Pero Job sabía que Dios es un Dios de restauración.

He descubierto que existen dos tipos de fe: una fe *liberadora* y una fe *sostenedora*. La fe liberadora se da cuando Dios le da un giro inmediato a su situación. Cuando eso ocurre, es grandioso. Pero la fe sostenedora requiere una confianza más grande y una mayor obediencia a Dios. La fe sostenedora es la que nos ayuda durante esas noches oscuras del alma cuando, al igual que Job, no sabemos a dónde ir ni que hacer...pero por la fe en Dios, actuamos. La fe nos dice que lo mejor está por venir.

Días mejores le *esperan*

"En vez de su vergüenza, mi pueblo recibirá doble porción; en vez de deshonra, se regocijará en su herencia; y así en su tierra recibirá doble herencia, y su alegría será eterna".
ISAÍAS 61:7

¿ALGUNA VEZ HA VIVIDO UNA situación injusta en la cual alguien le hace daño o le maltrata? Tal vez usted está teniendo problemas en una relación, en su matrimonio, o con uno de sus hijos. O quizás tenga problemas financieros y no sabe cómo salir de ellos. La vida ha sido un problema tras otro. Si eso le suena familiar, le tengo buenas noticias. Dios quiere restaurar todo lo que le ha sido quitado.

Él quiere restaurar su alegría, su paz, su salud, sus finanzas y su familia. Y cuando Dios restaura, no quedamos como éramos antes de enfrentar esos problemas; Él nos transforma en personas mejores de lo que éramos anteriormente.

"He visto sus caminos, pero lo sanaré; lo guiaré y lo colmaré de consuelo. Y a los que lloran por él".
ISAÍAS 57:18

Con abundancia

$\mathcal{D}$IOS NO QUIERE QUE QUEDEMOS destruidos y arruinados después de las adversidades. No, no somos simplemente sobrevivientes, somos "más que vencedores" (ver Ro. 8:37). Él quiere que ascendamos y progresemos, y gocemos de una mayor abundancia. Además, Dios quiere que el enemigo pague por todo lo malo que nos ha hecho como sus hijos. Dios quiere que al final nuestra vida florezca.

Si hoy se encuentra en una situación difícil, usted necesita desarrollar una mentalidad de restauración. Anímese mentalmente diciéndose que Dios le va a dar un vuelco a su situación. Recuerde que no solo derrotamos al enemigo, sino que nos quedamos con el botín. Nuestra actitud debe ser: *Voy a salir de esto fortalecido, más saludable y más feliz de lo que era antes.*

Dios es generoso

"Con mi ejemplo les he mostrado que es preciso trabajar duro para ayudar a los necesitados, recordando las palabras del Señor Jesús: 'Hay más dicha en dar que en recibir'".
HECHOS 20:35

*M*UCHA GENTE VIVE HOY EN DÍA sin disimulos ni vergüenza solo para sí misma. La sociedad nos enseña que siempre debemos tratar de alcanzar el primer lugar. "¿En qué me beneficio yo?". No hay duda de que esta es la generación del "yo", y que a veces algo de narcisismo salpica nuestra relación con Dios, nuestros familiares y amigos. Irónicamente, esta actitud egoísta nos condena a vivir vidas superficiales y poco satisfactorias. Independientemente de todo lo que podamos adquirir, jamás estaremos satisfechos.

Dios es generoso, y si queremos experimentar un nuevo nivel de gozo, si deseamos que Dios nos derrame su bendición y favor, debemos aprender a ser generosos y no egoístas.

"Porque tanto amó Dios al mundo, que dio a su Hijo unigénito".
JUAN 3:16

Creado para dar

$\mathcal{U}$NO DE LOS MAYORES RETOS QUE enfrentamos cuando tenemos el deseo de vivir nuestra mejor vida ahora, es la tentación de vivir de forma egoísta. Como sabemos que Dios quiere lo mejor para nosotros y que Él quiere que prosperemos, es fácil caer en la trampa sutil del egoísmo. Cuando vivimos para dar, no solo evitamos esa trampa, sino que tenemos más gozo del que nunca soñamos.

No fuimos hechos para funcionar como seres aislados, pensando solo en nosotros. No, Dios nos creó para compartir con los demás. Jamás estaremos completamente satisfechos como seres humanos hasta que no aprendamos el secreto de cómo dar de lo que tenemos. Nuestra actitud debe ser: *¿A quién puedo bendecir hoy?*

Comience a *plantar* semillas

"'¿Cuándo te vimos enfermo o en la cárcel y te visitamos?'. El Rey les responderá: 'Les aseguro que todo lo que hicieron por uno de mis hermanos, aun por el más pequeño, lo hicieron por mí'".
MATEO 25:39–40

QUIZÁS NO LO NOTAMOS, PERO estar todo el tiempo hablando de nuestros problemas, pensando siempre en lo que queremos o necesitamos, sin ver las muchas necesidades de quienes nos rodean, es una actitud extremadamente egoísta. Una de las mejores cosas que podemos hacer si tenemos un problema es ayudar a alguien a solucionar su propio problema. Si quiere que su sueño se cristalice, ayude a alguien más a cristalizar su sueño. Comience a plantar algunas semillas para que Dios pueda traerle una cosecha.

Piense en esto el día de hoy: Dios no puede llenar de cosas buenas un puño cerrado, sino una mano abierta.

"El que es generoso prospera; el que reanima será reanimado".
PROVERBIOS 11:25

No existen los "llaneros solitarios"

FUIMOS CREADOS PARA DAR, NO solo para complacer nuestros deseos. Si no entendemos esta verdad, perderemos la vida abundante y llena de gozo que Dios nos tiene reservada. Pero cuando nos acercamos a otras personas en problemas, Dios se asegura de que nuestras necesidades sean satisfechas. Si usted se encuentra triste y desanimado, salga a ayudar a suplir las necesidades de otros.

Quizá usted siente que no tiene nada que dar. ¡Por supuesto que sí! Usted puede dar una sonrisa o un abrazo. Puede hacer alguna labor pequeña, pero significativa, para ayudar a otros. Puede escribir una carta alentadora. Alguien necesita de su amistad. Dios nos creó para ser libres, pero no nos hizo para ser "llaneros solitarios". Nos necesitamos los unos a los otros.

Viva para *dar*

"Quien cierra sus oídos al clamor del pobre, llorará también sin que nadie le responda".
PROVERBIOS 21:13

UCHOS SE ENFOCAN SOLAMENTE en lo que quieren, lo que necesitan y lo que piensan que los puede beneficiar, y nunca lo obtienen. Deje de tratar de ver lo que los demás pueden hacer por usted. Deje de pensar solo en usted y comience a ver qué es lo que usted puede hacer por los demás. Vaya y hágalo. Visite un asilo u hospital de niños. Llame a un amigo y anímelo. Si usted tiene luchas económicas, salga y ayude a alguien que tenga menos recursos que usted. Usted puede, por ejemplo, cortar el césped de alguien o ayudarlo con alguna reparación en su casa. Alguien necesita lo que podemos compartir. Alguien necesita de su amor y su ánimo.

Si quiere que Dios bendiga su vida, viva para dar.

"Más bien, mientras dure ese 'hoy', animense unos a otros cada día, para que ninguno de ustedes se endurezca por el engaño del pecado".

HEBREOS 3:13

Anime a otros

CUANDO CENTRAMOS LA atención solo en nosotros, no solo nos perdemos de lo mejor de Dios, sino que les robamos a los demás el gozo y las bendiciones que Dios quiere darles a través de nosotros. Es fácil criticar y condenar, señalar las fallas y fracasos de los demás. Pero Dios quiere que edifiquemos a otros, que seamos una bendición, que pronunciemos palabras de fe y de victoria en sus vidas.

No cuesta nada ni toma mucho tiempo elogiar a alguien. ¿Qué nos cuesta decirle a nuestras esposas: "Te amo. Eres maravillosa. Estoy feliz de tenerte"? ¿Cuánto tiempo le tomaría decirle a su empleado: "Estás haciendo un gran trabajo. Aprecio tu buena labor"? ¡Hágalo hoy!

Siempre bende- cido

> *"¿No es acaso el ayuno compartir tu pan con el hambriento y dar refugio a los pobres sin techo, vestir al desnudo y no dejar de lado a tus semejantes? Si así procedes, tu luz despuntará como la aurora, y al instante llegará tu sanidad; tu justicia te abrirá el camino, y la gloria del Señor te seguirá".*
> ISAÍAS 58:7–8

NO BASTA SIMPLEMENTE CON pensar bien de los demás: necesitamos expresarlo. Un viejo refrán dice: "El amor no es amor hasta que lo damos". La actitud cada mañana ha de ser: *Hoy haré feliz a alguien y supliré una de sus necesidades.* Algo sobrenatural sucede cuando dejamos de pensar en nosotros mismos y dirigimos nuestra atención hacia las necesidades de quienes nos rodean. Cuando nos acercamos a las personas que sufren, Dios se asegura de que siempre seamos bendecidos abundantemente.

"¡Siembren para ustedes justicia!
¡Cosechen el fruto del amor!".
OSEAS 10:12

Coseche los frutos

CUANDO A MI MADRE LE diagnosticaron cáncer terminal, ella pudo fácilmente llegar a casa y hundirse en la depresión. Pero ella escogió no enfocarse en sí misma, y se negó a pensar en su enfermedad. En medio del mayor de sus problemas, fue a la iglesia y oró por otras personas que estaban enfermas y que también tenían problemas. Plantó esas semillas de sanación. Y tal y como dicen las Escrituras, cuando comenzó a ayudar a otras personas con sus problemas, recibió su propia sanación.

Estoy convencido de que muchas personas recibirían el milagro por el que siempre han orado si dejaran de pensar en sus propias necesidades y comenzaran a enfocarse en las de los demás. Necesitamos encontrar oportunidades para compartir el amor de Dios, sus dones, y su bondad, con los demás.

Lleno hasta *rebosar*

"Honra al Señor con tus riquezas y con los primeros frutos de tus cosechas. Así tus graneros se llenarán a reventar y tus bodegas rebosarán de vino nuevo".
PROVERBIOS 3:9–10

SI QUEREMOS VIVIR NUESTRA mejor vida ahora, debemos desarrollar un estilo de vida enfocado más en dar que en recibir. Eso se puede hacer de muchas maneras. Si tiene cosas acumuladas o guardadas en su casa que no va a volver a usar, ¿por qué no donarlas a alguien que pueda aprovecharlas?

Nuestras mentes se inventan todo tipo de excusas cuando Dios comienza a separar nuestros dedos apretados. La naturaleza humana quiere quedarse con todo. Pero, ¡probablemente usted tiene todo tipo de cosas que no ha usado en siglos! Si es así, manos a la obra. Dios se lo remunerará.

"Haré de ti una nación grande, y te bendeciré [con abundante incremento de favores]; haré famoso tu nombre, y serás una bendición [para que des a los demás]".
GÉNESIS 12:2

Bendecidos para *bendecir*

$\mathcal{A}$L LEER LA PROMESA DE DIOS A Abraham, podemos decir: "¡Muy bien, Dios! ¡Vamos, derrama tu bendición sobre mí!". Pero fíjese que hay una condición. Debemos hacer algo. De hecho, debemos ser algo. Dios sugiere que no seremos bendecidos simplemente para que podamos vivir en medio de lujos y comodidades. Seremos bendecidos para ser una bendición. De hecho, si no somos una bendición, Dios no derramará su favor y bondad en nuestras vidas. Recibiremos de Dios en la misma medida en que demos a los demás.

Si escucháramos con más atención, probablemente escucharíamos a Dios diciendo: "¿Cuándo empezarás a ser una bendición?"

Comience donde *está*

"Servir al pobre es hacerle un préstamo al Señor; Dios pagará esas buenas acciones".
PROVERBIOS 19:17

𝒰STED PODRÍA ESTAR PENSANDO: *Bueno, si tuviera más dinero, lo haría.* No. Debemos comenzar donde estamos. Debemos ser fieles con lo que tenemos, y así Dios nos confiará más cosas. Tal vez usted no tiene mucho dinero, pero puede invitar a alguien a cenar de vez en cuando. Puede darle una palabra de apoyo a alguien. Puede hacer un esfuerzo para orar por alguien que se encuentra en problemas.

Dar es un principio espiritual. Todo lo que damos, nos será devuelto. Si damos una sonrisa, recibiremos sonrisas de los demás. Si somos generosos con las personas en medio de su necesidad, Dios hará que otros sean generosos con nosotros en medio de nuestra necesidad. Lo que hagamos por los demás, Dios lo hará por nosotros.

"Den, y se les dará: se les echará en el regazo una medida llena, apretada, sacudida y desbordante. Porque con la medida que midan a otros, se les medirá a ustedes".

LUCAS 6:38

Ayudar al que sufre

LO QUE MÁS NOS ACERCA AL corazón de nuestro Dios es ayudar a aquellos que sufren. A Dios le encanta cuando cantamos, adoramos y oramos, pero nada lo complace más que cuidemos de sus hijos.

John Bunyan dijo: "No has vivido hoy hasta que no hayas hecho algo por alguien que no pueda devolverte el favor". Busque a alguien a quien pueda bendecir. Alguien necesita lo que usted tiene para dar. No tiene que ser su dinero; puede ser su tiempo, un oído atento, unos brazos que alienten o una sonrisa que anime. ¿Quién sabe? Tal vez con solo poner nuestros brazos alrededor de alguien y hacerle saber que nos preocupamos, podemos ayudar a sanar el corazón de esa persona.

Sea
bondadoso

> "Asegúrense de que nadie pague mal por mal; más bien, esfuércense siempre por hacer el bien, no solo entre ustedes sino a todos".
> 1 TESALONICENSES 5:15

LA MANERA EN QUE TRATAMOS a los demás puede tener un tremendo efecto en el grado de bendición y favor que recibiremos de Dios. ¿Es usted una buena persona? ¿Es usted amable y considerado? ¿Actúa y habla con amor en su corazón y ve a los demás como seres valiosos y especiales? No podemos tratar mal a los demás y esperar recibir bendiciones.

La Biblia dice que debemos "tratar de mostrar bondad y buscar hacer el bien". Debemos ser proactivos. Debemos buscar compartir misericordia, amabilidad y bondad con los demás. Más que eso, necesitamos ser amables y hacer el bien, aunque no nos lo retribuyan. El mal nunca se derrota con más mal.

"Amen a sus enemigos, hagan bien a quienes los odian, bendigan a quienes los maldicen, oren por quienes los maltratan".
LUCAS 6:27–28

Actúe con *amor*

CUANDO ALGUIEN NO NOS TRATA bien, tenemos la oportunidad de ayudar a sanar un corazón herido. Tenga presente que las personas lastimadas con frecuencia lastiman a otros debido a su propio dolor. Cuando alguien es grosero o desconsiderado, usted puede estar casi seguro de que esa persona tiene algunos asuntos sin resolver en su interior. Lo último que necesita es que usted le responda con enojo.

Siga haciendo el esfuerzo de ser amable y cortés. Actúe con amor y tenga una buena actitud. Dios ve lo que hacemos y Él es nuestro reivindicador. Él hará que nuestras buenas acciones y actitudes superen ese mal. Si seguimos actuando correctamente, las cosas saldrán muchísimo mejor que si hubiésemos pagado con la misma moneda.

Intente ser amable

"Si alguien te obliga a llevarle la carga un kilómetro, llévasela dos".
MATEO 5:41

CUANDO ESE COMPAÑERO DE trabajo le pasa por un lado solo para amargarle su día, Dios espera que usted dé un paso más allá y sea amable con él a pesar de su actitud. Cuando el empleado en la caja del supermercado se comporta de manera poco amable, nuestra respuesta inicial puede ser responderle con la misma moneda. Ese es el camino más fácil, cualquiera lo puede hacer. Pero, ¿por qué no mostrar más bien un poco de gracia?

Intente ser amable y deles una palabra de aliento. Después de todo, usted no sabe por lo que pueden estar pasando. Quizá están viviendo un infierno en la tierra. Si les devolvemos su veneno intensificado, el conflicto podría escalar o nuestra respuesta podría ser lo que le faltaba para darse por vencidos y hundirse en la desesperanza. Ninguna de las dos situaciones complace a Dios.

"El amor no perjudica al prójimo. Así que el amor es el cumplimiento de la ley".
ROMANOS 13:10

La *bondad* vale la pena

SI MALTRATAMOS A QUIENES nos maltratan, empeoraremos las cosas. Cuando reaccionamos con furia ante un individuo que ha sido violento con nosotros, es como si le echáramos gasolina al fuego. Debemos vencer el mal con el bien. Cuando alguien nos hiere, la única forma de superarlo es mostrándole misericordia, perdón y actuando correctamente.

La Biblia nos enseña que Dios es nuestro vengador. Él no permitirá que salgamos derrotados. Usted tal vez piensa que se está llevando la peor parte, pero cuando todo haya terminado, Dios se asegurará de que usted no pierda nada realmente valioso. Más aún, Él hará que usted reciba su justa recompensa. Su responsabilidad es permanecer en calma y en paz, incluso cuando aquellos a su alrededor no lo estén.

Sea misericordioso

"Es verdad que ustedes pensaron hacerme mal, pero Dios transformó ese mal en bien para lograr lo que hoy estamos viendo: salvar la vida de mucha gente".
GÉNESIS 50:20

SI ALGUIEN TENÍA DERECHO DE devolver mal por mal, ese era José. Sus hermanos lo odiaban tanto que intentaron matarlo, pero luego se arrepintieron y lo vendieron como esclavo. José experimentó todo tipo de problemas y tristezas. Pero mantuvo una buena actitud, y Dios lo siguió bendiciendo. Luego de pasar trece años en prisión por un crimen que no cometió, Dios lo recompensó de forma sobrenatural, llegando a ocupar al segundo cargo más importante de Egipto.

¿Se imagina el miedo de los hermanos de José cuando fueron a Egipto y de repente descubrieron que sus vidas estaban en manos de José? Era la oportunidad de José para vengarse. Pero él fue misericordioso. José sabía cómo tratar bien a las personas.

"[El amor de Dios en nosotros] No es grosero ni egoísta. No se enoja por cualquier cosa. No se pasa la vida recordando lo malo que otros le han hecho".
1 CORINTIOS 13:5 (TLA)

El *amor* supera el mal

*T*AL VEZ HAY PERSONAS EN SU VIDA que le han hecho mucho daño, y usted tiene derecho a estar airado y resentido. Pero si usted deja ir toda esa ira y los perdona, podrá vencer el mal con el bien. Podrá llegar al punto en el que podrá mirar a aquellos que le han hecho daño y devolverles bien por mal. Si lo hace, Dios derramará su favor en su vidas de una nueva manera. Él le honrará, le recompensará y el daño que le han hecho lo convertirá en bendiciones.

Dios quiere que su pueblo ayude a sanar los corazones heridos.

Muestre el *amor* de Dios

"¿No ves que desprecias las riquezas de la bondad de Dios, de su tolerancia y de su paciencia, al no reconocer que su bondad quiere llevarte al arrepentimiento?".
ROMANOS 2:4

SI ALGUIEN LE ESTÁ TRATANDO mal, haga un esfuerzo para ser más bondadoso de lo normal con esa persona. Si su cónyuge no sirve a Dios, no se la pase golpeándole la cabeza con la Biblia, predicándole y ejerciendo presión para que vaya a la iglesia con usted. Solo comience a ser mucho más amable con él o con ella. Comience a amarle de una forma diferente. La bondad de Dios expresada a través de usted, vencerá la maldad. El amor nunca falla.

Cuando podamos bendecir a nuestros enemigos y hacer el bien a aquellos que nos han usado o han abusado de nosotros, Dios tomará esa maldad y la convertirá en algo bueno. Recuerde que Dios controla todo, y cuando bendecimos a nuestros enemigos, nunca podemos perder. Dios siempre arreglará todo para nosotros.

> *"Abraham siempre creyó la promesa de Dios sin vacilar. De hecho, su fe se fortaleció aún más y así le dio gloria a Dios".*
> ROMANOS 4:20 (NTV)

Cuando usted *cree*

EN OBEDIENCIA A DIOS, ABRAHAM se mudó con todo su rebaño, su familia e incluso sus familiares políticos a una tierra nueva. Luego de haber vivido allí durante un tiempo, se dieron cuenta de que la porción de tierra en donde estaban asentados no tenía suficientes alimentos y agua para todas las personas y los animales. Así que Abraham le ofreció a su sobrino Lot cualquier parte de la tierra que él quisiera (ver Gn. 13). Aprovechándose de la bondad de su tío, Lot tomó el hermoso valle de verdes y exuberantes pastos, y hermosas colinas.

Abraham dijo: "Está bien, ve y que Dios te bendiga". Él pudo haber dicho: "Lot, Dios me habló a mí, no a ti. Yo debo escoger primero". Pero Abraham no lo hizo. Él creía que Dios se encargaría de su situación, y lo hizo.

Levante sus ojos

"Después de que Lot se separó de Abram, el Señor le dijo: 'Abram, levanta la vista desde el lugar donde estás, y mira hacia el norte y hacia el sur, hacia el este y hacia el oeste. Yo te daré a ti y a tu descendencia, para siempre, toda la tierra que abarca tu mirada'".
GÉNESIS 13:14–15

ESPUÉS DE QUE LOT TOMÓ LA mejor porción de tierra, dejándole a Abraham la tierra árida y estéril, Abraham debió sentirse decepcionado por la tierra que le tocó. Estoy seguro que pensó: *Dios, ¿por qué la gente siempre se aprovecha de mi bondad? Lot no tendría nada si yo no se lo hubiera dado.*

Sin embargo, Dios vio la integridad de Abraham y dijo: "Cómo has tratado a tu pariente con bondad, te daré bendiciones en abundancia, cientos y cientos de acres, kilómetros y kilómetros de tierra. Todo lo que puedan ver tus ojos, será tuyo". Eso es lo que Dios hizo por Abraham, y puede hacer lo mismo por usted.

"Porque Dios no es injusto como para olvidarse de las obras y del amor que, para su gloria, Ustedes han mostrado sirviendo a los santos, como lo siguen haciendo".

HEBREOS 6:10

Dios *no* se olvidará

*T*AL VEZ SE SIENTA QUE ES EL único que lo da todo en una situación. Quizá su hijo es un malagradecido. Quizá su excónyuge se está aprovechando de usted en un acuerdo de divorcio. Posiblemente su empresa está considerando un "recorte de personal" después de que usted les ha dedicado los mejores años de su vida. Como todos saben que usted es amable, generoso y amistoso, tienden a aprovecharse y no aprecian sus cualidades.

Pero Dios mira su corazón. Nada de lo que hace pasa desapercibido ante los ojos de Él. Él lleva registro de todo y lo recompensará a su debido tiempo. Cuando bendecimos a los demás, nunca perdemos. Aunque alguien se aproveche de su bondad, Dios no dejará su generosidad sin recompensa.

No se canse

> *"Ustedes, hermanos, no se cansen de hacer el bien".*
> 2 TESALONICENSES 3:13

A VECES, CUANDO SOMOS BUENOS con los demás y nos mostramos proactivos, tendemos a pensar: *Estoy dejando que me pisoteen, estoy dejando que se aprovechen de mí. Me están quitando lo que me pertenece por derecho.*

Ahí es cuando debemos decir: "Nadie me está quitando nada. Yo se los estoy dando voluntariamente. Los estoy bendiciendo intencionalmente, sabiendo que Dios me recompensará por ello". Dios es un Dios justo y no solo ve lo que usted hace, sino también la razón por la que lo hace. Dios juzga tanto sus motivos como sus acciones. Y un día, Dios lo bendecirá por su altruismo, por colocar a los demás primero y por siempre tratar de ser bondadoso.

"Vivan en armonía los unos con los otros; compartan penas y alegrías, practiquen el amor fraternal, sean compasivos y humildes".
1 PEDRO 3:8

Mantenga un corazón *abierto*

*H*OY EN DÍA MUCHA GENTE ANDA triste y desanimada. Muchos tienen sueños perdidos, han cometido errores, sus vidas son un desastre. Necesitan sentir la compasión de Dios y su amor incondicional. No necesitan de alguien que los juzgue y los critique. Necesitan de alguien que les brinde esperanza y que les muestre la misericordia de Dios. En realidad están buscando un amigo, alguien que esté allí para alentarlos, que se tome el tiempo de escuchar su historia y que se preocupe por ellos sinceramente.

Si usted vivir su mejor vida ahora, debe asegurarse de tener un corazón compasivo abierto. Debe buscar personas a quienes pueda bendecir. Debe estar dispuesto a que le puedan interrumpir o incomodar, si eso significa que puede ayudar a satisfacer las necesidades de otra persona.

Sea compasivo

"Si alguien que posee bienes materiales [recursos para sostenerse en la vida] ve que su hermano está pasando necesidad, y no tiene compasión de él, ¿cómo se puede decir que el amor de Dios habita en él?".
1 JUAN 3:17

Nuestro MUNDO DESEA sentir el amor y la compasión de nuestro Dios. Está pidiendo a gritos personas compasivas, que amen incondicionalmente, que se tomen el tiempo de ayudar a quienes cohabitan con ellas en este planeta. Ciertamente, Dios puso su amor sobrenatural en nuestros corazones cuando nos creó. Él ha puesto en nosotros el potencial para desarrollar un espíritu bondadoso, solícito y amable. Habiendo sido creados a la imagen de Dios, tenemos la capacidad moral de experimentar su compasión.

Tenemos la oportunidad de marcar una diferencia en la vida de los demás. Debemos aprender a imitar ese amor. No lo ignoremos. Alguien necesita lo que tenemos.

"Al ver [Jesús] a las multitudes, tuvo compasión de ellas, porque estaban agobiadas y desamparadas, como ovejas sin pastor. 'La cosecha es abundante, pero son pocos los obreros', les dijo a sus discípulos. 'Pídanle, por tanto, al Señor de la cosecha que envíe obreros a su campo'".

MATEO 9:36-38

La compasión de Jesús

AL ESTUDIAR LA VIDA DE JESÚS, resalta el hecho de que Él siempre dedicaba tiempo a los demás. Nunca estaba demasiado ocupado con su propia agenda, con sus propios planes. No estaba tan enfocado en sí mismo como para no estar dispuesto a detenerse y ayudar a un alma necesitada. Él podía decir fácilmente: "Escuchen, estoy ocupado, tengo una misión que cumplir". Pero no, Jesús tenía compasión de las personas, se preocupaba por que estuvieran bien y voluntariamente invertía tiempo en ayudarlas. Daba parte de su vida gratuitamente. Creo que Él no exige menos de quienes afirman ser sus seguidores hoy en día.

Sea un amigo

"Movido a compasión, Jesús extendió la mano y tocó al hombre, diciéndole: 'Sí quiero. ¡Queda limpio!'. Al instante se le quitó la lepra y quedó sano".
MARCOS 1:41–42

SI USTED QUIERE EXPERIMENTAR la vida abundante de Dios, debe empezar dedicando tiempo en ayudar a los demás. A veces, con solo tomar un poco de tiempo para escucharlos, podemos iniciar un proceso de sanación en sus vidas. ¡Hay tanta gente llena de dolor! No tienen a nadie con quien hablar o en quién confiar. Si usted puede abrir su corazón compasivo y ser un amigo que no juzgue ni condene, sino que simplemente está dispuesto a escuchar, puede ayudar a levantar la pesada carga de muchos.

Se maravillará del efecto positivo que puede tener con solo aprender a ser un buen oyente. Aprenda a seguir el flujo del amor divino de Dios.

"En esto consiste el amor: en que pongamos en práctica sus mandamientos. Y este es el mandamiento: que vivan en este amor, tal como ustedes lo han escuchado desde el principio".

2 JUAN 1:6

Amor constante

*T*ODOS ESTAMOS MUY OCUPADOS. Tenemos prioridades, planes importantes y agendas. A menudo, nuestra actitud es: *No quiero que nadie me moleste con sus problemas. Ya tengo suficiente con los míos.* Y debido a nuestro propio egoísmo, la mayoría de las veces elegimos cerrar nuestros corazones a los demás.

¿Cómo puede saber si su corazón está abierto o cerrado al prójimo? Fácil. ¿Se preocupa a menudo por los demás o solo se preocupa por usted? ¿Aparta tiempo para marcar una diferencia en las vidas de otros, alentarlos, elevar sus espíritus y hacerlos sentir mejor consigo mismos? ¿Sigue usted constantemente el flujo del amor que Dios pone en su corazón hacia alguien necesitado?

Sea un buen oyente

"Mis queridos hermanos, tengan presente esto: Todos deben estar listos para escuchar, y ser lentos para hablar y para enojarse".
SANTIAGO 1:19

QUIENES HAN CERRADO SUS corazones a la compasión se convierten en personas aisladas y egocéntricas. Dado que su única motivación es lo que quieren, raramente saben escuchar y casi nunca hacen algo por otra persona.

Debemos aprender a ser buenos oyentes. No siempre debemos apresurarnos a dar nuestra opinión. Debemos ser sensibles a lo que la otra persona realmente necesita. Muchas veces lo único que tenemos que hacer es dar una palabra de aliento rápida, compartir algún versículo de la Biblia que más o menos se ajuste a la necesidad de la persona, y hacer una oración de quince segundos. Luego podemos regresar a lo que queremos hacer. Aparte hoy un tiempo para escuchar a alguien de corazón. Muéstrele que realmente está interesado.

"Unos dan a manos llenas, y reciben más de lo que dan; otros ni sus deudas pagan, y acaban en la miseria".
PROVERBIOS 11:24

Cambie *su* perspectiva

$\mathcal{L}$A RAZÓN POR LA CUAL MUCHAS personas no crecen es porque no están sembrando. Viven enfocadas en sí mismas. Hasta que no cambien su perspectiva y comiencen a comunicarse con los demás, es probable que permanezcan en un estado depresivo, desde el punto de vista emocional, financiero, social y espiritual.

A lo largo de Biblia encontramos el principio de siembra y cosecha. "Cada uno cosecha lo que siembra" (Gl. 6:7). Así como un granjero debe plantar las semillas si desea cosechar, nosotros debemos plantar buenas semillas en los campos de nuestras familias, carreras, negocios y relaciones personales. Si desea cosechar felicidad, debe primero plantar semillas de "felicidad", haciendo felices a otros. Si desea cosechar bendición financiera, debe plantar semillas financieras en otros.

Dios
ama
al que
da con
alegría

> "*Recuerden esto: El que siembra escasamente, escasamente cosechará, y el que siembra en abundancia, en abundancia cosechará. Cada uno debe dar según lo que haya decidido en su corazón, no de mala gana ni por obligación, porque Dios ama al que da con alegría*".
> 2 CORINTIOS 9:6–7

*E*N MEDIO DE UNA GRAN hambruna en la tierra de Canaán, Isaac hizo algo que personas sin visión habrían considerado extraño. Plantó semillas y cosechó al ciento por uno, porque el Señor lo bendijo (ver Gn. 26:12). En medio de la necesidad, Isaac no esperó de brazos cruzados que alguien viniera en su ayuda. Él actuó con fe, y Dios de manera sobrenatural multiplicó esa semilla.

Quizás usted está hoy en medio de algún tipo de hambruna. Puede ser una hambruna financiera, o tal vez tiene hambre de amigos. Sea cual sea su necesidad, plante unas cuantas semillas y recoja una cosecha abundante.

"Confía en el Señor y haz el bien; establécete en la tierra y mantente fiel".
SALMO 37:3

Haga algo bueno

NO BASTA CON DECIR: "SEÑOR, confío en ti. Sé que vas a suplir todas mis necesidades". Eso sería como que el granjero no plantara ninguna semilla y esperara obtener una cosecha abundante. La Palabra dice que hay dos cosas que debemos hacer en los tiempos difíciles. Primero, debemos confiar en el Señor; y segundo, debemos salir a hacer algo bueno. Si necesita un milagro de tipo financiero, cómprele un café a alguien, u ofrende un poco más. Si no tiene dinero, haga algún trabajo físico para alguien: pode el césped, arranque la maleza, lave las ventanas de su casa, haga un pastel. Haga algo para plantar algunas semillas en la tierra.

Si no planta las semillas, estará esperando la cosecha toda la vida.

No se quede de *brazos cruzados*

"¡Él apaga la sed del sediento, y sacia con lo mejor al hambriento!".
SALMO 107:9

*A*LGUNAS PERSONAS DIRÁN: "JOEL, tengo muchos problemas. No me interesa plantar semillas. Lo único que quiero saber es cómo salir de este enredo". Así es como se sale del enredo: si quiere que Dios solucione sus problemas, ayude a otros a solucionar sus problemas.

Por ejemplo, si necesita amigos, no se quede solo en su casa mes tras mes sintiendo lástima por sí mismo. Vaya al asilo de ancianos o al hospital, a ver si puede encontrar a alguien a quien pueda animar. Si comenzamos a plantar semillas de amistad, Dios traerá a alguien grandioso a nuestras vidas. Si hacemos felices a otros, Dios se asegurará de que nuestra vida esté llena de gozo. Piense en qué tipo de semilla puede plantar para salir de esa necesidad.

"Todos los creyentes estaban juntos y tenían todo en común: vendían sus propiedades y posesiones, y compartían sus bienes entre sí según la necesidad de cada uno".
HECHOS 2:44–45

En *época* de necesidad

RECUERDO CUANDO MI PADRE lanzó el programa para la construcción de nuestra iglesia. No teníamos mucho dinero, pero había una pequeña iglesia hispana en nuestra calle que también tenía planes de construir un templo nuevo. Un domingo en la mañana, mi padre anunció que haríamos una ofrenda especial, no para nuestra nueva construcción, sino para la iglesia hispana. Esa mañana se recaudaron varios miles de dólares, que fueron entregados directamente a esa iglesia. Asombrosamente, poco tiempo después recaudamos todo el dinero que necesitábamos para empezar a trabajar en el proyecto de construcción de nuestra iglesia. Hemos vivido bajo ese principio desde entonces, y Dios siempre ha suplido nuestras necesidades.

Dar llama la atención de Dios

"Y Dios puede hacer que toda gracia abunde para ustedes, de manera que siempre, en toda circunstancia, tengan todo lo necesario, y toda buena obra abunde en ustedes".
2 CORINTIOS 9:8

UN ROMANO LLAMADO CORNELIO y su familia fueron los primeros gentiles registrados en la Biblia que recibieron la salvación después de la resurrección de Jesús. ¿Por qué se le dio este honor a Cornelio? A Cornelio le fue dicho en visión: "Dios ha recibido tus oraciones y tus obras de beneficencia como una ofrenda" (Hch. 10:4). Amigo, que nadie lo convenza de que no hay diferencia entre dar o no dar. No estoy diciendo que podemos comprar milagros, o que debemos pagarle a Dios para que nos ayude. Pero le digo que Dios ve sus regalos y actos de bondad. Dios se complace cuando usted da, y derrama su favor sobre usted.

"Lanza tu pan sobre el agua; después de algún tiempo volverás a encontrarlo. Comparte lo que tienes entre siete, y aun entre ocho, pues no sabes qué calamidad pueda venir sobre la tierra".
ECLESIASTÉS 11:1–2

La generosidad es retribuida

DIOS LLEVA LA CUENTA DE TODA buena obra que hayamos hecho. Podríamos pensar que tales obras no fueron tomadas en cuenta, pero Dios sí las vio. Y en los momentos difíciles, Él se asegurará de que alguien esté allí para ayudarnos. Los regalos generosos serán retribuidos. Dios ha visto cada sonrisa que usted ha producido en el rostro de la persona que sufre. Ha observado sus esfuerzos por ayudar. Dios ha sido testigo de los sacrificios que usted ha hecho para dar. Dios nos ha prometido que nuestros generosos regalos nos serán retribuidos (ver Lc. 6:38). Cuando esté atravesando momentos difíciles, gracias a su generosidad Dios moverá cielo y tierra para asegurarse de que usted esté protegido.

Supla las necesidades de *otros*

"Esta ayuda que es un servicio sagrado no solo suple las necesidades de los santos sino que también redunda en abundantes acciones de gracias a Dios".
2 CORINTIOS 9:12

$\mathcal{A}$LGUNOS CRISTIANOS DEL SIGLO I luchaban para sobrevivir en la región griega de Macedonia. La Biblia dice que se encontraban sumidos en una profunda pobreza y gran tribulación (ver 2 Co. 8:2). ¿Qué hicieron en los momentos difíciles? ¿Le preguntaron a Dios por qué estaban enfrentando tantos problemas? Para nada. La Palabra dice que en medio de sus grandes problemas, se mantuvieron llenos de gozo, y que daban generosamente. Sabían que si ayudaban a suplir las necesidades de otros, Dios se ocuparía de suplir las suyas.

Cuando enfrente dificultades, solo haga lo que ellos hicieron. Primero, manténgase lleno de gozo. Segundo, salga y siembre una semilla. Ayude a alguien más y recibirá ayuda.

*"El Señor recorre con su mirada
toda la tierra, y está listo para
ayudar a quienes le son fieles".*
2 CRONICAS 16:9

Siembre una semilla *especial*

TAL VEZ USTED DESEA COMPRAR una casa nueva o salir de deudas. Siembre una semilla especial relacionada con su necesidad específica. No podemos comprar la bondad de Dios, pero podemos ejercitar nuestra fe a través de nuestras dádivas.

Al principio de nuestro matrimonio, Victoria y yo decidimos vender nuestro apartamento y comprar una casa. Durante ocho meses, no recibimos ni una sola oferta seria. En ese momento, estábamos haciendo pagos dobles de la hipoteca del apartamento, para pagar el capital lo más pronto posible. Decidimos plantar la segunda parte de ese dinero como una semilla, ofreciéndolo a la obra de Dios. Dios no solo nos trajo un comprador para el apartamento, ¡sino que pudimos venderlo a un precio más alto del que esperábamos!

Prepare el camino

> *"Deléitate en el Señor, y él te concederá los deseos de tu corazón".*
> SALMO 37:4

ALGUNAS PERSONAS LE DIRÁN QUE no hay diferencia entre dar o no dar, o que eso no sirve para nada. Pero no escuche esas mentiras. Dios lleva la cuenta.

Amigo, si quiere vivir su mejor vida ahora, no acumule lo que Dios le ha dado. Aprenda a plantarlo con fe. Actúe, además de orar. Haga algo fuera de lo común como una expresión de su fe. Si usted desea recibir un ascenso en el trabajo, no diga solo: "Señor, cuento contigo". Ciertamente, usted debe orar, pero haga algo más. Salga y alimente a los pobres, plante semillas en la tierra, semillas que Dios pueda bendecir. Recuerde, cuando damos, estamos preparando el camino para que Dios cubra nuestras necesidades hoy y en el futuro.

"Este es el día en que el Señor actuó; regocijémonos y alegrémonos en Él".
SALMO 118:24

La *felicidad* es una decisión

*H*E AQUÍ UNA VERDAD SIMPLE, pero profunda: la felicidad es una decisión. No tenemos que esperar a que todo sea perfecto en nuestra familia o negocio. No tenemos que posponer la felicidad hasta que hayamos perdido peso, superado un hábito dañino, o logrado todas nuestras metas. La felicidad es nuestra decisión.

¡Podemos elegir ser felices y disfrutar la vida! Cuando hagamos eso, no solo nos sentiremos mejor, sino que nuestra fe hará que Dios se muestre y haga maravillas en nuestras vidas. Para lograrlo, debemos aprender a vivir en el presente, un día a la vez; mejor aún, sacar lo mejor de cada momento. Es bueno que usted se trace metas y haga planes, pero si siempre vive en el futuro, jamás disfrutará del presente de la forma que Dios desea que lo haga.

Gracia
para hoy

"La paz les dejo; mi paz les doy. Yo no se la doy a ustedes como la da el mundo. No se angustien ni se acobarden".
JUAN 14:27

$\mathcal{N}$ECESITAMOS ENTENDER QUE DIOS nos da su gracia para vivir el día de hoy. No nos ha dado aún la gracia de mañana, y no debemos preocuparnos por eso. Aprenda a vivir un día a la vez. De forma voluntaria, elija empezar a disfrutar su vida en este momento. Aprenda a disfrutar de su familia, sus amigos, su salud y su trabajo. Disfrútelo todo en la vida. La felicidad es una decisión, no una emoción. Dios nos da su paz interior, pero depende de nosotros aprovechar su paz sobrenatural.

Disfrutar de su mejor vida ahora es elegir ser feliz esta mañana. La vida es demasiado corta para no disfrutar cada día.

"Que gobierne en sus corazones la paz de Cristo, a la cual fueron llamados en un solo cuerpo. Y sean agradecidos".
COLOSENSES 3:15

Deje que gobierne la *paz*

TODOS TENEMOS DIFICULTADES, luchas, y retos, pero si cometemos el error de permitir que tales circunstancias determinen nuestra felicidad, corremos el riesgo de perdernos la vida abundante de Dios. Dios jamás pretendió que viviéramos un día "extasiados" de alegría, y al otro día en el fondo del foso por culpa de nuestros problemas.

Otra cosa negativa es que nos enfoquemos tanto en el futuro que nos pongamos ansiosos porque no sabemos lo que vendrá. Naturalmente, la incertidumbre aumenta nuestros niveles de estrés y crea una sensación de inseguridad. Cuando llegue el día de mañana, Dios nos dará lo que necesitemos. Pero si nos preocupamos por el día de mañana desde ahora, estaremos sujetos a la frustración y al desaliento.

Usted
puede
hacerlo

"Ustedes no han sufrido ninguna tentación que no sea común al género humano. Pero Dios es fiel, y no permitirá que ustedes sean tentados más allá de lo que puedan aguantar. Más bien, cuando llegue la tentación, Él les dará también una salida a fin de que puedan resistir".
1 CORINTIOS 10:13

CIERTAMENTE, HAY MOMENTOS en nuestra vida en los que suceden cosas malas, o las cosas no salen como esperábamos. Podemos elegir sentirnos infelices y andar por ahí con una actitud de amargura, o ser felices a pesar de nuestras circunstancias.

Quizá diga: "Joel, yo no puedo hacer eso. Me enfado fácilmente". No es verdad. Usted puede hacer todo lo que quiera. Dios dijo que nunca nos dejaría pasar por algo que fuera muy difícil de manejar por nosotros. Y si su deseo es lo suficientemente fuerte, usted puede permanecer tranquilo y en calma, sin importar lo que pase a su alrededor.

"Depositen en Él toda ansiedad, porque Él cuida de ustedes".
1 PEDRO 5:7

Mantenga su paz

*U*NA VEZ TUVE UN VIEJO LEXUS DE color blanco, que estaba en muy buen estado. Un día, Victoria lo llevó a un autolavado de esos que usan cepillos súper suaves, que apenas rozan la superficie del automóvil. Desafortunadamente, ¡el equipo tenía un desajuste que dejó una horrible raya que comenzaba desde el parachoques delantero, pasaba por el capó y el techo, y llegaba hasta el vidrio trasero! Cuando vi los daños, tuve que tomar una decisión inmediatamente. Podía enfadarme y dejar que este incidente me robara la alegría, o podía conservar mi paz, sabiendo que Dios estaba al control. Decidí mirar el lado positivo de las cosas. Le dije a Victoria: "Bueno, soy la única persona en Houston que tiene un Lexus con una franja de carreras en todo el centro".

Aun bajo presión, podemos elegir aprovechar la paz de Dios.

Este *es* el día

"Ahora escuchen esto, ustedes que dicen: 'Hoy o mañana iremos a tal o cual ciudad, pasaremos allí un año, haremos negocios y ganaremos dinero'. ¡Y eso que ni siquiera saben qué sucederá mañana! ¿Qué es su vida? Ustedes son como la niebla, que aparece por un momento y luego se desvanece".
SANTIAGO 4:13-14

CUANDO NOS OCURREN COSAS negativas, por mucho que gritemos, murmuremos y nos quejemos, eso no hará que las cosas mejoren. Bien podríamos conservar la paz y permanecer felices.

La vida pasa volando, así que no malgaste otro instante de su valioso tiempo estando enfadado, infeliz o preocupado. David dice que "este es el día" en el que debemos regocijarnos y alegrarnos (Sal. 118:24) Él no dijo "mañana o la próxima semana". No, él dijo "este es el día". Este es el día en el que Dios quiere que escoja ser feliz.

"Confía en el Señor de todo corazón, y no en tu propia inteligencia. Reconócelo en todos tus caminos, y Él allanará tus sendas".
PROVERBIOS 3:5–6

Dios tiene el control

$\mathscr{L}$AS COSAS PUEDEN NO SER perfectas en la vida, pero si esperamos llegar a donde queremos, debemos ser felices donde estamos. Muchas personas asumen que no serán felices hasta que sus circunstancias cambien: hasta que el cónyuge cambie, hasta que tengan una casa más grande, o hasta que se liberen de todos sus problemas.

No cometa ese error. Disfrute su vida justo donde está. Puede que tenga obstáculos importantes en su camino, pero el desaliento no mejorará nada. Usted necesita entender que Dios tiene el control de su vida. Él dirige sus pasos, y Él le tiene exactamente donde quiere que esté.

Dios
tiene un
propósito

"Es cierto que con la verdadera religión se obtienen grandes ganancias, pero solo si uno está satisfecho con lo que tiene".
1 TIMOTEO 6:6

ᴇL APÓSTOL PABLO DIJO: "HE aprendido a estar contento [satisfecho hasta el punto en el cual no estoy molesto o inquieto] en cualquier situación en la que me encuentre" (Fil. 4:11). Lo que estaba diciendo era: "He tomado la decisión de vivir mi vida feliz". Ahora, "contento" no significa que no queramos ver cambios, o que nos quedemos en un estado neutral aceptando todo tal y como viene.

Ese es el secreto. No debemos enfadarnos porque las circunstancias no sean exactamente como las deseamos. Tenga presente que Dios no permitirá que un problema llegue a su vida si no tiene un propósito con ello. Si mantenemos la actitud correcta, Dios nos ha prometido que Él dará un giro a la situación a nuestro favor.

"Todo tiene su momento oportuno; hay un tiempo para todo lo que se hace bajo el cielo: un tiempo para nacer, y un tiempo para morir; un tiempo para plantar, y un tiempo para cosechar".
ECLESIASTÉS 3:1–2

A través de la estación seca

ODOS PASAMOS POR ESTACIONES secas en nuestras vidas, épocas en las que vemos que nada ocurre. Tal vez usted ha estado orando y creyendo, pero sus oraciones no han sido contestadas; o está dando, pero parece que no recibe nada a cambio. Tal vez está haciendo su mejor esfuerzo para tratar bien a los demás, siendo proactivo al ayudar a otros, pero nadie hace un esfuerzo por ayudarlo a usted. ¿Qué es lo que está pasando? ¿Miente la Palabra de Dios? ¿No funcionan estos principios?

Las estaciones secas son campos de prueba. Dios quiere ver cómo responderemos. ¿Qué clase de actitud tomará usted si está actuando correctamente, pero le sigue ocurriendo lo malo?

Continúe actuando *correctamente*

"Espero al Señor, lo espero con toda el alma; en su palabra he puesto mi esperanza. Espero al Señor con toda el alma, más que los centinelas la mañana. Como esperan los centinelas la mañana".
SALMO 130:5-6

A FINALES DE LA DÉCADA DE 1950, mi padre era el pastor de una gran congregación que acababa de construir un nuevo templo. Pero por esa época, mi hermana Lisa había nacido con un problema, algo parecido a la parálisis cerebral. Esa fue una de las horas más aciagas en la vida de mis padres. Ellos escudriñaron la Palabra y sus ojos se abrieron al mensaje de sanación. Sin embargo, la idea de un Dios contemporáneo hacedor de milagros no era bien recibida por la iglesia, y mi afligido padre tuvo que abandonar aquella iglesia y comenzar de nuevo con otras noventa personas en una tienda de alimentos abandonada. En esos tiempos difíciles, papá siguió haciendo lo que él sabía que era lo correcto. Dios lo estaba preparando para grandes cosas.

> *"Podrán desfallecer mi cuerpo*
> *y mi espíritu, pero Dios for-*
> *talece mi corazón; Él es*
> *mi herencia eterna".*
> SALMO 73:26

Tiempos de preparación

*E*N EL DÍA DE LAS MADRES DEL año 1959, mis padres abrieron la iglesia Lakewood en un edificio deteriorado que tenía agujeros en el piso. Durante casi trece años, aquella minúscula congregación apenas creció. Fue una estación extremadamente seca en la vida de mi padre. Había pasado de hablarles a miles de personas a trabajar en la oscuridad. Pero Dios estaba haciendo una obra en mi padre, y aquellos años fueron una época de prueba. Papá sabía que si permanecía fiel en los tiempos difíciles, Dios lo ascendería, y eso fue lo que ocurrió. Millones de personas han sido tocadas a través del ministerio de la iglesia Lakewood.

Cuando atraviese un largo período de tiempo en el cual no ve nada bueno ocurrir, solo permanezca fiel. Dios lo está preparando para cosas más grandes.

Manténgase alegre

"El corazón alegre se refleja en el rostro [...] para el que es feliz siempre es día de fiesta".
PROVERBIOS 15:13, 15

*E*L APÓSTOL PABLO ESCRIBIÓ muchas de sus cartas mientras estaba encarcelado, a veces en celdas tan estrechas como un baño pequeño. Algunos historiadores y eruditos de la Biblia creen que el sistema de aguas negras existente en aquellos días corría por el centro de una de las mazmorras en las que él estaba encarcelado. A pesar de eso, Pablo escribió palabras tan llenas de fe como: "Todo lo puedo en Cristo que me fortalece" (Fil. 4:13). Y "Alégrense siempre en el Señor. Insisto: ¡Alégrense!" (Fil. 4:4).

Fíjese que la recomendación es que debemos estar felices y regocijados en todo momento. En las dificultades, cuando las cosas no salgan según lo esperado, tomemos la decisión de permanecer llenos de gozo.

"El corazón alegre es una buena medicina, pero el espíritu triste seca los huesos".
PROVERBIOS 17:22 (RV95)

El *gozo* es su fortaleza

USTED DEBE ENTENDER QUE EL enemigo realmente no va detrás de sus sueños, su salud, o sus finanzas. El no persigue a su familia. Él quiere acabar con su gozo. La Biblia dice que "el gozo del Señor es nuestra fortaleza" (Neh. 8:10), y el enemigo sabe que si puede engañarlo y hacerlo vivir triste y deprimido, usted no tendrá la fuerza física, emocional y espiritual para resistir sus ataques.

Cuando usted se regocija en medio de las dificultades, le está dejando un ojo morado al enemigo. Él no sabe qué hacer con las personas que alaban al Señor, independientemente de sus circunstancias. Aprenda a sonreír y a reír. Deje de ser tan rígido y cuadrado. Tome hoy mismo la decisión de disfrutar de la vida al máximo.

Confíe en Dios de todos modos

"Los pasos del hombre los dirige el Señor. ¿Cómo puede el hombre entender su propio camino?".
PROVERBIOS 20:24

¿NO ES INTERESANTE QUE creemos que Dios está dirigiendo nuestros pasos cuando recibimos lo que queremos y estamos "en la cúspide", relativamente a salvo de los problemas que abajo en el valle? Necesitamos entender que el Señor dirige nuestros pasos aun cuando las cosas no parecieran ir a nuestro favor. Quizá usted está en una situación tensa esta mañana. Tal vez piensa: *Esto no está bien. No lo entiendo, Señor.* Jamás entenderemos todo lo que nos pasa en la vida, o por qué ciertas cosas resultan en nuestra contra. Debemos aprender a confiar en Dios de todos modos. Debemos aprender a mantener una buena actitud en medio del caos y la confusión, con la seguridad de que Dios todavía tiene el control.

"El corazón del hombre traza su rumbo, pero sus pasos los dirige el Señor".
PROVERBIOS 16:9

A la manera de *Dios*

A FINALES DE LA DÉCADA DE 1990, dos exjugadores de basquetbol universitario perdieron su vuelo de conexión a Kenia. Nueve aburridas horas después, los dos únicos asientos que quedaban en el próximo vuelo eran en primera clase, de manera que los dos hombres quedaron sentados en la parte delantera del avión. En la mitad del vuelo, el avión entró en picada, y comenzó a desplomarse a tierra a toda velocidad. En medio del ruido y la conmoción, una azafata abrió la puerta de la cabina, y allí estaba un hombre grande y furioso que había sometido a los pilotos. Los dos basquetbolistas se lanzaron sobre el atacante y lo sometieron. Sin su ayuda, la aeronave se habría estrellado unos segundos después.

Dios retrasó a estos dos hombres y los ubicó estratégicamente donde pudieran ayudar a salvar el vuelo entero.

La *dirección* de Dios funciona

"El Señor te guiará siempre; te saciará en tierras resecas, y fortalecerá tus huesos. Serás como jardín bien regado, como manantial cuyas aguas no se agotan".
ISAÍAS 58:11

ALGUNAS VECES, DIOS LO PONDRÁ en una situación incómoda para que pueda ayudar a alguien más. Tal vez usted vive con un cónyuge o hijo con quien es difícil llevarse. O quizás trabaja en una oficina donde predominan los favoritismos o la política. Dios sabe lo que está haciendo. Él puede ver el panorama completo. Él puede ver el futuro, y Él le tiene a usted exactamente donde Él quiere que esté.

Deje de cuestionar a Dios y empiece a confiar en Él. Sepa que Dios tiene el control. El conoce nuestros mayores intereses. Confíe en que Él guiará sus pasos, que usted está justo donde necesita estar y en el momento adecuado.

"Hagan lo que hagan, trabajen de buena gana, como para el Señor y no como para nadie en este mundo, conscientes de que el Señor los recompensará con la herencia. Ustedes sirven a Cristo el Señor".

COLOSENSES 3:23, 24

Sea una persona *excelente*

*M*UCHOS PRETENDEN HACER lo menos que puedan y lograr arreglárselas con eso. Pero Dios no nos creó para ser unos mediocres. Él no quiere que nos conformemos con apenas lo suficiente, o que hagamos lo mismo que todos los demás están haciendo. Dios nos ha llamado a ser personas excelentes e integras. Ciertamente, la única forma de ser verdaderamente felices es vivir con estas cualidades. Cualquier pizca de complacencia corromperá nuestras más grandes victorias y logros.

Recuerde: representamos al Dios todopoderoso. Nuestra manera de vivir es un reflejo de nuestro Dios. Si quiere vivir su mejor vida ahora, comience a buscar la excelencia en todo lo que haga.

Sin
concesiones

"¿Has visto a alguien diligente en su trabajo? Se codeará con reyes, y nunca será un Don Nadie".
PROVERBIOS 22:29

Una persona de excelencia e íntegra muestra proactividad al actuar correctamente. Cumple su palabra, aun cuando sea difícil. Las personas de excelencia cumplen con su día completo de trabajo, no llegan tarde, no se marchan temprano a casa ni se reportan enfermos cuando realmente no lo están. Cuando usted tiene un espíritu excelente, se refleja en la calidad de su trabajo y en la actitud con la que lo ejecuta.

El pueblo de Dios está compuesto de personas de excelencia. Las mínimas concesiones que comprometan nuestra integridad, nos mantendrán alejados de lo mejor de Dios. Sea lo que sea que hagamos, debemos hacer nuestro mejor esfuerzo y hacerlo como si lo hiciéramos para Dios. Si trabajamos con esa norma de calidad en mente, Dios promete recompensarnos.

"A mi hermano Hananí, que era un hombre fiel y temeroso de Dios como pocos, lo puse a cargo de Jerusalén, junto con Hananías, comandante de la ciudadela".

NEHEMÍAS 7:2

Si *se* siente atascado

MUCHOS LLEGAN A TRABAJAR quince minutos tarde, deambulan alrededor de la oficina, se van a tomar un café y llegan a sus escritorios o puestos de trabajo treinta minutos después. Gastan medio día haciendo llamadas personales, jugando o enviando chistes a través de Internet, y después se andan preguntando: *¿Señor, por qué nunca me bendices? ¿Por qué nunca obtengo un ascenso?*

Puede haber muchos factores, por supuesto, pero algo es seguro: Dios no bendice la mediocridad, Él bendice la excelencia. Si usted se encuentra atascado en una rutina mientras otros son bendecidos, prosperan y avanzan, pregúntese si su problema no fue creado por usted mismo. ¿Es usted una persona excelente e integra?

Dé lo mejor de sí

"Quien se conduce con integridad, anda seguro; quien anda en malos pasos será descubierto".
PROVERBIOS 10:9

ALGUNOS ME DICEN: "PERO JOEL, todos lo hacen. Todo el mundo en la oficina llega tarde, todos navegan en Internet cuando el jefe no está. Todo el mundo se toma descansos adicionales a la hora del almuerzo".

Puede que sí. ¡Pero usted no es como los demás! Usted ha sido llamado a vivir una vida de excelencia. Comience a hacer las mejores elecciones en todos los aspectos de su vida, aun en cosas tan terrenales como pagar sus cuentas a tiempo. Haga un poquito más de lo que se espera de usted. Si usted debe llegar al trabajo a las ocho en punto, llegue diez minutos antes, y retírese diez minutos después del final de la jornada. Muéstrese proactivo. No salga desarreglado o descuidado.

En todo lo que haga, trate de representar bien a Dios.

"¡Hiciste bien, siervo bueno! —le
respondió el rey—. Puesto que
has sido fiel en tan poca cosa, te
doy el gobierno de diez ciudades".
LUCAS 19:17

Haga *bien* las cosas

*E*NORGULLÉZCASE DE LO QUE DIOS le ha dado. Quizás esté conduciendo un automóvil viejo, pero esa no es excusa para no mantenerlo limpio y pulcro. Asimismo, podrá tener una casa vieja y pequeña, pero asegúrese de que luzca como si allí viviera una persona de excelencia.

El pueblo de Dios está conformado por gente excelente. Se destacan de la multitud porque eligen hacer bien las cosas. Usted puede estar hoy en una situación en la que todo el mundo a su alrededor compromete su integridad o toma el camino más fácil. No deje que eso le irrite. Sea usted el que se destaca por tener un espíritu de excelencia. Haga bien su trabajo, cuide bien de los recursos que Dios le ha dado, y viva de tal manera que cuando los demás lo vean, se sientan atraídos a Dios.

Sea una persona íntegra

"El que es honrado en lo poco, también lo será en lo mucho; y el que no es íntegro en lo poco, tampoco lo será en lo mucho".
LUCAS 16:10

DIOS QUIERE QUE SEAMOS personas íntegras, honradas, dignas de confianza. Una persona íntegra es abierta, honesta y fiel a su palabra. No tiene agendas ocultas o motivos ulteriores. No necesita un contrato legal para obligarla a cumplir sus compromisos. Las personas íntegras son iguales tanto en privado como en público. Hacen lo correcto aunque los estén observando o no.

Dios solo nos confiará lo mucho después de que le hayamos sido fieles en lo poco. Recuerde, nuestras vidas son un libro abierto ante Dios. Él mira nuestros corazones y motivos. No hay límites para lo que Dios hará en su vida una vez que Él sepa que puede confiar en usted.

"Atrapen todos los zorros, esos zorros pequeños, antes de que arruinen el viñedo del amor, ¡porque las vides están en flor!".
CANTARES 2:15, NTV

Haga lo correcto

SI USTED CARECE DE INTEGRIDAD, nunca alcanzará su máximo potencial. La integridad es la base sobre la cual se construye una vida realmente exitosa. Cada vez que transigimos con el pecado, cada vez que somos deshonestos, estamos causando una pequeña grieta en esa base. Si continuamos comprometiendo nuestra integridad, esa base jamás podrá sostener lo que Dios quiere construir. Usted nunca tendrá prosperidad duradera si primeramente no es íntegro. Podrá disfrutar de un éxito temporal, pero nunca podrá ver la totalidad del favor de Dios si no toma el camino seguro y hace las mejores elecciones. Por otra parte, las bendiciones de Dios nos pasarán de largo si nos conformamos con algo inferior a vivir con integridad. Dispóngase a pagar el precio de hacer lo correcto.

Dios está observando

> "Señor, tú me examinas, tú me conoces. Sabes cuándo me siento y cuándo me levanto; aun a la distancia me lees el pensamiento".
>
> SALMO 139:1, 2

¿SE HA SENTIDO ALGUNA VEZ como si alguien le estuviera observando? ¿Sabe qué? La gente le está observando. Están observando cómo se viste, cómo cuida de su hogar, cómo trata a los demás. Están tratando de determinar si sus palabras y su andar, su modo de vida, son consistentes. ¿Qué ven? ¿Es usted una buena representación de su Dios? ¿O está transigiendo en aquellas cosas mal consideradas "insignificantes"?

Ah, y su Padre celestial también le está observando. ¿Qué ve? ¿Es usted fiel a su palabra, o tiene agendas ocultas y motivos ulteriores? ¿Trata usted a sus amigos amablemente y regresa a su casa a tratar a su familia groseramente? Viva este día para agradar a Dios, y usted se agradará a sí mismo.

"Dejen de mentirse unos a otros, ahora que se han quitado el ropaje de la vieja naturaleza con sus vicios".
COLOSENSES 3:9

Diga la verdad

ODOS LOS DÍAS NUESTRA integridad es puesta a prueba. Si un cajero le da vuelto de más, ¿será usted íntegro y actuará correctamente? ¿Se reporta enfermo al trabajo para quedarse en casa y ocuparse de asuntos personales, ir a la playa o jugar golf? Cuando su jefe le pregunta cómo van las cosas, ¿infla usted las cifras a su favor? Cuando el teléfono suena y es alguien con quien usted no quiere hablar, ¿manda a su hijo a decir que "no está en casa"?

Las "mentirillas blancas" son también mentiras. A la vista de Dios, no existe tal cosa como una mentira blanca, gris o negra. Si usted no está diciendo la verdad, eso es deshonestidad. Y tarde o temprano lo alcanzarán. Lo que usted siembra, finalmente lo cosecha.

Sea honesto

"Adquiere la verdad y la sabiduría, la disciplina y el discernimiento, ¡y no los vendas!".
PROVERBIOS 23:23

¿POR QUÉ TANTO ESCÁNDALO CON eso de las "mentirillas blancas"? Si usted miente con las cosas pequeñas, en poco tiempo estará mintiendo sobre cosas más grandes. Los que han caído de altos cargos en grandes empresas a causa de delitos financieros, no comenzaron su descenso robando millones de dólares. Comenzaron comprometiendo unos cientos de dólares aquí, unos miles de dólares más allá. Y cuando la oportunidad se presentó, comprometieron indebidamente millones de dólares. No se engañe. La concesión es una caída libre. Es robo, bien sea que se trate de un dólar o mil dólares. Llevarse a casa los útiles de oficina es deshonestidad. Exagerar la verdad para ganarse un nuevo cliente es engaño. Dios no bendecirá nada de eso.

> *"Cuando vengas a controlar lo que he ganado, mi honradez responderá por mí".*
> GÉNESIS 30:33

La *integridad* y la prosperidad

TENEMOS QUE VIVIR honestamente ante Dios y los demás. Escuché a alguien decirlo de esta forma: "No hagas nada que te pueda hacer sentir incómodo si lo lees en el periódico del día siguiente". No siempre es fácil. ¿Estamos pagando nuestras deudas? ¿Estamos siendo honestos en nuestras decisiones de negocios? ¿Estamos tratando a los demás con respeto y honor?

La integridad y la prosperidad son dos caras de la misma moneda. No se puede tener la una sin tener la otra. Dios pudiera estar haciéndole recordar el pago de una cuenta que usted ha pasado por alto intencionalmente. Puede que le esté diciendo que debe llegar al trabajo a tiempo todos los días. Tal vez usted sabe que debe ser más honesto con su esposa. Comience a actuar correctamente. Eleve su nivel de integridad en esos aspectos.

Una conciencia limpia

"En todo esto procuro conservar siempre limpia mi conciencia delante de Dios y de los hombres".
HECHOS 24:16

TAL VEZ A USTED NO LE PARECE que eso de pagar sus recibos de servicios a tiempo, o de tratar a sus amigos de una forma y a su cónyuge de otra sea tan importante. Pero si usted no aprende a pasar estas pruebas, Dios no lo va a bendecir. Recuerde, nuestras vidas son un libro abierto ante Dios. Él mira nuestros corazones. Él mira nuestras motivaciones. Dios ve cada vez que usted se esfuerza en actuar correctamente. Él también ve las veces que usted hace concesiones y toma la salida fácil.

Aprenda a escuchar a su conciencia. Dios la puso en su interior para que usted tuviera una regla interna que le ayudara a discernir lo bueno de lo malo. Cuando empiece a hacer concesiones, oirá esa alarma encenderse en su conciencia. No la ignore.

"Su palabra en mi interior se vuelve un fuego ardiente que me cala hasta los huesos. He hecho todo lo posible por contenerla, pero ya no puedo más".
JEREMÍAS 20:9

¡Viva con inspiración!

*N*O SEAMOS INGENUOS. LAS presiones, las tensiones y el estrés de la vida moderna amenazan constantemente con cobrar un precio en nuestro ánimo de vivir. Tal vez usted conoce gente que ha perdido la pasión o el placer de vivir. Una vez vivieron entusiasmados por el futuro, pero perdieron su fuego. Me parece que esto ocurre mucho cuando la gente se acostumbra a la bondad de Dios. Vivir por la gracia se transforma en rutina.

La palabra *entusiasmo* proviene de las palabras griegas *en teos*, que quiere decir "inspirado por Dios". Vivir su mejor vida ahora es vivir con entusiasmo y emoción por la vida que Dios le ha dado. Es creer que más y mejores cosas vendrán en el futuro, pero también es vivir en el momento y disfrutarlo hasta el final. Empiece hoy.

Nunca dé a Dios por sentado

"Y esta esperanza no nos defrauda, porque Dios ha derramado su amor en nuestro corazón por el Espíritu Santo que nos ha dado".
ROMANOS 5:5

UNA DE LAS PRINCIPALES RAZONES por las que perdemos el entusiasmo por la vida es que empezamos a dar por sentado lo que Dios ha hecho por nosotros. No debemos permitir que nuestra relación con Dios se torne rancia, o que nuestro agradecimiento por su bondad se convierta en algo normal. No dé por sentado el regalo más grande de todos los que Dios le ha dado: ¡Él mismo!

Necesitamos llenar el suministro de los buenos regalos que Dios nos da diariamente. Así como el pueblo israelita en el desierto tenía que recoger la milagrosa provisión de maná todas las mañanas, nosotros tampoco podemos arreglárnoslas con la provisión de ayer. Nuestras vidas necesitan ser inspiradas, infundidas, llenadas de nuevo con la bondad de Dios todos los días. Manténgase hoy lleno de esperanzas.

*"Nunca dejen de ser diligentes;
antes bien, sirvan al Señor con
el fervor que da el Espíritu".*
ROMANOS 12:11

Sea el
más feliz

¡EL PUEBLO DE DIOS DEBERÍA SER EL más feliz de todos los pueblos de la tierra! Tan feliz, de hecho, que otros pueblos lo noten. ¿Por qué? Porque no solo tenemos un futuro fabuloso, ¡sino que podemos disfrutar de la vida hoy! De eso se trata vivir su mejor vida ahora.

No viva su día a día solo cumpliendo con las formalidades. Tome la decisión de no vivir otro día sin contar con la alegría de tener al Señor en su vida; sin amor, sin paz y sin pasión; sin entusiasmo de vivir. Y entienda que no tiene que estar pasando algo extraordinario en su vida para estar entusiasmado. Tal vez no tenga el trabajo o el matrimonio perfecto, ni viva en el mejor entorno, pero puede hacer la elección de vivir cada día en el resplandor de la presencia de Dios.

Mantenga la *inspiración*

> "Sean llenos del Espíritu. Anímense unos a otros con salmos, himnos y canciones espirituales. Canten y alaben al Señor con el corazón".
>
> EFESIOS 5:18, 19

*N*O SIEMPRE ES FÁCIL PERMANECER entusiasmados e inspirados. Quizá en algún momento usted estuvo profundamente enamorado, lleno de pasión, pero ahora su matrimonio se ha tornado estático o estancado. O tal vez al principio estuvo muy emocionado con su trabajo, pero ahora lo siente aburrido y apagado. Puede que haya estado entusiasmado en algún momento con servir a Dios, ansioso de ir a la iglesia y leer la Palabra, orar y pasar tiempo con otros creyentes; pero últimamente ha estado pensando: *Ya no siento pasión*.

La verdad es que gran parte de la vida es rutina, y podemos estancarnos si no tenemos cuidado de permanecer llenos del Espíritu Santo. Solo Él puede renovar nuestro espíritu cada día.

"Así que tengan cuidado de su manera de vivir. No vivan como necios sino como sabios, aprovechando al máximo cada momento oportuno, porque los días son malos. Por tanto, no sean insensatos, sino entiendan cuál es la voluntad del Señor".
EFESIOS 5:15–17

Viva sabiamente

¿ESTÁ EL FUEGO DEL ENTUSIASMO encendido en usted esta mañana? ¡Usted puede tenerlo! Al despertar en la mañana, levántese con emoción para enfrentar el día. Sí se puede seguir entusiasmado en cuanto a los sueños. Sí se puede ir a trabajar entusiasmado cada día. "Bueno, no me gusta mucho mi trabajo—podría usted quejarse—. No aguanto conducir en el tráfico. No me gusta la gente con la que trabajo". Si así se siente, usted necesita un cambio de actitud. Debería estar agradecido por tener trabajo. Necesita apreciar y mantenerse entusiasmado por las oportunidades que Dios le ha dado. Donde quiera que se encuentre en la vida, saque lo más que pueda de ella, y sea lo mejor que pueda ser.

La *alegría* de servir

"Entonces Jesús se sentó, llamó a los doce y les dijo: 'Si alguno quiere ser el primero, que sea el último de todos y el servidor de todos'".
MARCOS 9:35

VIVIR LA VIDA CON ENTUSIASMO incluye criar a sus hijos. No diga "Umm... Mis amigos están afuera haciendo algo divertido y emocionante. Yo lo único que hago es cuidar niños". El trabajo de un padre es uno de los trabajos más importantes en el mundo, pero no habrá nadie dándole palmaditas en la espalda y animándolo. Su día puede no estar repleto de acontecimientos extraordinarios. Hay pañales que cambiar, niños que alimentar, quehaceres domésticos que necesitan realizarse; faenas mundanas y rutinarias que hay que volver a empezar apenas las terminamos.

Pero en medio de lo acostumbrado, usted puede elegir tener una excelente actitud hacia su trabajo. Las Escrituras nos dicen que hagamos todo de todo corazón. "Nunca dejen de ser diligentes" (Ro. 12:11).

"Ustedes mismos saben cómo deben seguir nuestro ejemplo [...] día y noche trabajamos arduamente y sin descanso para no ser una carga a ninguno de ustedes".
2 TESALONICENSES 3:7, 8

Dé el ejemplo

*C*UANDO LLEGUE A SU TRABAJO HOY, no haga su trabajo con poco entusiasmo. No holgazanee en el teléfono, gastando el tiempo y el dinero de su patrono. Si está cavando una zanja, no pierda medio día reclinado sobre la pala. ¡Haga su trabajo con excelencia y entusiasmo!

"Bueno—dice una persona—de todas maneras no me pagan lo suficiente. Yo no debería trabajar tanto". La verdad, usted no será bendecido teniendo esa clase de actitud. Dios quiere que usted dé todo lo que tenga para dar. Sea entusiasta, dé el ejemplo. Haga su trabajo con tal excelencia que los demás se impresionen con su Dios simplemente observando su ética de trabajo. Esté tan lleno de júbilo, que otros quieran de lo que usted tiene.

Sea
como
Cristo

*"Les he puesto el ejemplo, para que hagan lo
mismo que yo he hecho con ustedes. Ciertamente les aseguro que ningún siervo es
más que su amo, y ningún mensajero es
más que el que lo envió. ¿Entienden esto?
Dichosos serán si lo ponen en práctica".*
JUAN 13:15–17

PREGÚNTESE: "¿ES MI ESTILO DE vida
atractivo y contagioso? ¿Serán mis actitudes, las palabras que digo, mis expre-
siones, la forma en que manejo los retos
y contratiempos, razones para que alguien quiera de lo que yo tengo?". En
otras palabras, ¿está usted atrayendo a
otros hacia Dios a causa de su alegría, su
cordialidad, su entusiasmo, su actitud de
fe; o está alejándolos por ser perpetua-
mente negativo, desalentador, hiriente
o cínico? Nadie disfruta estar cerca de
una persona así. Si quiere dirigir a otros
a Dios o simplemente hacia un mejor estilo de vida, muéstrese entusiasta y emocionado por la vida.

"Y todo lo que te venga a la mano, hazlo con todo empeño".
ECLESIASTÉS 9:10

No *se* detenga

*H*ABÍA UN POLICÍA DE TRÁNSITO que trabajaba cerca de Galleria, una de la áreas comerciales más concurridas de Houston. Durante la hora pico, el tráfico se ponía tan pesado que había que esperar diez o quince minutos solo para cruzar un semáforo. Los conductores perdían la paciencia, pero cuando se aproximaban a este policía, sus actitudes cambiaban. Él no solo dirigía el tráfico, ¡sino que hacía todo un espectáculo de ello! Prácticamente bailaba mientras dirigía el tránsito, con ambos brazos ondeando incontrolablemente, arrastraba los pies por toda la intersección. Sorprendentemente, después de desplazarse lentamente por el embotellamiento, muchos conductores se detenían solo para observarlo.

No vaya a trabajar solo por cumplir su obligación. Cumpla apasionadamente su destino.

Dé *todo* de sí

> "*Tú has hecho que mi corazón rebose de alegría, alegría mayor que la que tienen los que disfrutan de trigo y vino en abundancia*".
> SALMO 4:7

*E*N EL NUEVO TESTAMENTO, EL apóstol Pablo alentaba a su joven compañero Timoteo recordándole: "Que avives la llama del don de Dios que recibiste" (Ver 2 Tim. 1:6). Pablo le estaba pidiendo a su ayudante que viviera con entusiasmo.

Dé todo de usted. No se conforme con la mediocridad. Anímese. Avive ese fuego. Usted puede vivir o trabajar alrededor de personas con tendencia negativa, desalentadoras. No deje que la falta de entusiasmo de ellos le apague su pasión. Si usted vive con un cónyuge holgazán, decida ser feliz y entusiasta de todas maneras. Si sus padres son siempre negativos, trate de superar esa negatividad siendo positivo, alentador y edificante. Avive su llama más de lo normal para asegurar de que no se extinga.

"Porque todo el que ha nacido de Dios vence al mundo. Esta es la victoria que vence al mundo: nuestra fe".
1 JUAN 5:4

Manténgase encendido

¿QUIERE USTED QUE SU VIDA SEA de influencia esta mañana? Usted puede cambiar la atmósfera de su hogar u oficina tan solo con un poco de entusiasmo. Elija ser feliz, viva con excelencia e integridad y ande con paso alegre. Ponga una sonrisa en su rostro, ¡y dígale al mundo que usted está disfrutando la vida que Dios le dio!

Cuando los demás estén deprimidos y derrotados, cuando se encuentre solo, sin nadie que lo anime, simplemente anímese usted mismo. Su actitud debe ser: *No importa lo que los demás hagan o no hagan, ¡voy a vivir mi vida con entusiasmo! Voy a mantener mi fuego encendido. Voy a resplandecer. Voy a apasionarme por ver mis sueños hacerse realidad.*

El *fruto* del Espíritu

"En cambio, el fruto del Espíritu es amor, alegría, paz, paciencia, amabilidad, bondad, fidelidad, humildad y dominio propio. No hay ley que condene estas cosas".

GÁLATAS 5:22, 23

*L*A GENTE QUE ME VE EN LA televisión, a veces me escribe diciendo: "Joel, ¿por qué siempre sonríes tanto? ¿Por qué estás tan feliz?". Yo les respondo: "¡Me alegra que me lo pregunten!", y eso abre la puerta para hablarles de mi relación con Dios y de cómo ellos también pueden tener una relación con Él. Varias personas me detuvieron en la calle en la ciudad de Nueva York y me dijeron: "Oye, ¿no eres tú el predicador que siempre está sonriente?". Me reí y les dije: "Creo que sí, ese soy yo, el predicador sonriente". Yo lo tomo como cumplidos. ¡Sí, soy culpable de ser feliz! Soy culpable de estar entusiasmado por el futuro. Eso es lo que significa estar lleno de fervor. Permanezca encendido y resplandeciendo. Sea lo que sea que usted haga, ¡hágalo con entusiasmo!

*"¿Están ustedes dispuestos
a obedecer? ¡Comerán lo
mejor de la tierra!".*
ISAÍAS 1:19

Una vida de *satisfacción*

SEPA QUE, SI OBEDECEMOS A DIOS y estamos dispuestos a confiar en Él, tendremos lo mejor que esta vida tiene para ofrecer, ¡y más! Pero Dios dice que debemos estar dispuestos a obedecer.

Estimado lector, Dios no desea que nos arrastremos por la vida vencidos y deprimidos. Independientemente de lo que le haya pasado, o de quien haya sido la culpa, o de cuán imposible parezca su situación, la buena noticia es que Dios quiere revertir eso y restaurarle todo lo que le ha sido robado. Él quiere restaurar su matrimonio, su familia, su carrera. Él quiere restaurar sus sueños rotos. Él quiere restaurar su alegría y darle una paz y felicidad que no ha conocido antes. Sobre todo, quiere restaurar su relación con Él. Dios quiere que viva una vida de satisfacción.

Victoria total

"Que conozcan ese amor que sobrepasa nuestro conocimiento, para que sean llenos de la plenitud de Dios".
EFESIOS 3:19

*L*A RESTAURACIÓN DE DIOS SUELE ser duradera. Él quiere que usted tenga una vida plena, con abundante alegría y felicidad. Dios no quiere que usted simplemente sobreviva a su matrimonio. Dios quiere transformarlo y restaurarlo en una relación sana y gratificante. Dios no quiere que su negocio apenas se mantenga a flote sobre las turbias aguas de la economía, ¡Él quiere que su negocio vaya viento en popa y se destaque! ¡Cuando Dios restaura, Él tiene una visión de victoria absoluta para su vida!

Aférrese a esa nueva visión de victoria que Dios le ha dado. Empiece a creer que las cosas van a cambiar a su favor. Atrévase a declarar decididamente que usted prevalece contra las fuerzas de la oscuridad. ¡No se conforme con una vida de mediocridad!

"Por esta razón, te recuerdo que avives el fuego [avivar las brasas, ventilar la llama, mantenerla encendida] del don espiritual [la gracia] que Dios [el fuego interno] te dio".

2 TIMOTEO 1:6 (NTV)

Su mejor vida ahora

AMIGO MÍO, SI USTED QUIERE VER el favor de Dios, haga todo de corazón. Hágalo con pasión y con un poco de fuego. Dé todo de sí mismo. No solo se sentirá mejor, sino que ese fuego se propagará, y muy pronto otras personas querrán tener de eso que usted tiene. Dondequiera que usted se encuentre en la vida, saque lo más que pueda de ella, y sea todo lo mejor que pueda ser.

Eleve su nivel de esperanza. Manténgase motivado con la idea ver sus sueños hechos realidad. Es nuestra fe la que activa el poder de Dios. Dejemos de limitarlo con nuestro estrecho modo de pensar y empecemos a creer en Él para más y mejores cosas. Dios lo llevará a lugares que usted nunca había soñado, y usted tendrá su mejor vida, ahora.

NOTAS

NOTAS

NOTAS

NOTAS

NOTAS